일본
학교의
역사

GAKKO NO SENGOSHI
by Hajime Kimura
Copyright © 2015 by Hajime Kimura

First published 2015 by Iwanami Shoten, Publishers, Tokyo
This Korean edition published 2023 by Nulmin Books, Seoul
by arrangement with Iwanami Shoten, Publishers, Tokyo

일본 근대 학교 성립과
패전 후 교육의 변천사

일본
학교의
역사

學校の戰後史

기무라 하지메 지음

임경택 옮김

LTL
미다

들어가며

일본 사회는 이제 패전 후 70년을 맞으려 하고 있다. 그사이에 일본의 학교는 대부분이 패전 후의 신학제新學制로 편성되었고, 대다수 사람이 패전 후의 학교와 당사자로서 관계를 맺어왔다. 그러한 의미에서 패전 후의 학교는 현존하는 사람들 속에 당연한 제도로 정착되어 있다고 해도 좋을 것이다. 일본에서 모든 사람이 가는 곳으로서 학교를 제도적으로 도입한 것이 1872년이니 150년 가까이 된 셈이다.

패전 후 학교의 역사란 패전 후를 살아온 한 사람 한 사람의 학교와 관계를 맺는 방식이 집적된 것이라고도 할 수 있다.

말할 나위도 없지만, 사람들과 학교의 관계는 개별적이고 그로부터 떠오르는 이미지도 다양하다. 학교에 가고 싶었지만 경제적인 이유나 집안 사정으로 진학할 수 없었던 사람과, 과도하게 진학을 강요당해 학교에서 숨이 막힐 듯한 느낌을 받았던 사람들이 학교에 대해 가진 생각은 전혀 다를 것이다. 또는 전쟁으로 폐허가 된 시대를 거쳐 "전후 사회"의 부흥 속에서 생활은 힘들었지만 장래의 전망을 찾아내려는 사람과, 고도성장 시기에 생활은 풍요로웠지만 학교를 매우 억압적이라고 느낀 사람은 전혀 다른 학교 이미지를 품고 있을 것이다. 또한 공동체적인 의식이 강한 농촌의 대가족 안에서 자란 사람과, 도시에서 자유로운 생각을 지닌 부모님 슬하의 핵가족 안에서 자란 사람도 서로 다를 것이다.

나아가 학교의 이미지 안에는 자신의 취학 경험뿐 아니라 부모로서, 교사로서, 또는 지역의 인간으로서의 경험도 포함된다. 이처럼 시대에 따라, 그리고 같은 시대에도 지역, 계층, 가족, 성별 등의 차이로 인해 학교와의 관계는 크게 달라진다.

이 책은 이러한 개별적인 학교 경험에 직접 다가가기보다는 개별적 경험의 집적을 넘어 구축되어온, 패전 후의 학교의 내적·외적 환경의 변화로 인해 생겨난 제도의 변천과 그 변화 속에서 살아온 사람들의 동향을 그려보고자 했다.

서장에 패전 후 사람들의 취학이나 진학의 동향을 보여주는 그림을 게재했다([그림 0-2]). 이 그림은 취학·진학 행동의 양적인 측면에서 학교와 사람들의 관계를 살펴본 것이다. 취학이나 진학 행동은 정책적 의도와 사람들의 의사가 상호작용을 하여 그 형태가 만들어지는데, 반드시 개개의 의사로 환원될 수는 없고 사람들의 의사가 집합적인 물결이 되어 나타난다.

한편 총체로서의 학교의 "전후●사" 안에 나타난 큰 흐름에는 개개인이 지닌 각각의 학교 경험도 중첩되어 새겨져 있을 것이다. 개인의 학교 경험을 학교의 "전후사" 안에 다시 자리매김해보았을

● 이 책에 "전후"로 표기된 것은 모두 1945년 패전 후를 가리킨다.

때, 그것이 어떠한 역사적·사회적 상황과 관련된 것이었는지 새삼 다른 관점에서 이해할 수 있으리라 생각한다.

이 책에서는 패전 후에 학교가 전개되는 과정에서 중요하다고 생각되는 데이터를 도표로 정리해 수록하여 그 큰 흐름을 포착해보려고 노력했다. 또한 그때그때의 학교나 아이들의 모습이 현실감을 지니고 떠오를 수 있도록 당시의 정보나 일화를 다루고자 유의했다. 그 길을 따라 독자 한 사람 한 사람의 학교 경험을 돌아보는 데 한 가닥이라도 도움이 되었으면 한다.

그런데 앞으로 "패전 후의 학교의 역사"는 어떻게 전개될 것인가? 일본 사회는 패전 후 70년뿐만 아니라 패전 후 50년, 60년 등의 굽이마다 "패전 후의 추이"를 좇고자 하는 역사 기술이 여러 영역에서 시도되어왔다. 패전 이후의 학교의 역사를 기술하고자 하는 이 책도 그 안에 자리매김하게 될 것이다. 현재 일본 사회 일반에서 "패전 후 70년"이라는 구분 방식은 받아들여지고 있다. 그러나 "패전 후 80년"을 맞을 때, 그 말은 동일하게 공유될 수 있을 것인가? 10년 후에도 과연 "패전 후의 학교"라는 틀을 기반으로 하여 그 시대의 "학교"를 위치 지우는 것이 여전히 가능할 것인가?

이 책은 그와 같은 전환점에서 기록된 "패전 후의 학교의 역사" 이다.

목차

들어가며   5

서장   **패전 후의 취학·진학 동향: 학교의 수용과 정착**   11

제1장   **"일본의 학교"의 성립: 근대 학교의 도입과 전개**   31

   1. 산업혁명과 근대 학교   33

   2. 일본의 근대 학교   39

   3. "살아가는 현장"의 형성과 갈등   52

제2장   **신학제의 출발: 패전 후부터 고도성장 이전까지**   65

   1. 전후 학교의 틀   67

   2. 교육행정과 커리큘럼   85

   3. 전후 초기의 학교의 동향과 형세   91

제3장   **"학교화 사회"의 성립과 전개: 경제성장 시기의 학교**   99

   1. 고도성장과 학교   101

   2. "출구"의 전개: 중학교의 변화   107

   3. 고등학교의 대중화   114

   4. 학교 간 연계 문제의 양상들: 중학교와 고등학교의 연계   119

5. 산업화 사회에 대응한 양상들   124

6. 학교에 대한 이의 제기   131

제4장 학교 기반의 동요: 1990년대 이후   137

1. 제도 기반의 변용   139

2. 학력과 학교제도의 새로운 동향   146

3. 자명성에 대한 되물음   157

4. 학교 내부의 움직임   167

5. 학교 지식을 둘러싼 새로운 전개   173

종장 학교의 역할과 과제: 전후 학교제도의 재고   179

저자 후기   195

권말 수록 도판   198

참고 문헌   203

도판 출전   209

역자 후기   210

일러두기

1 이 책은 일본 이와나미쇼텐岩波書店에서 2015년에 출간한 기무라 하지메木村元 저 『學校の戰後史』를 완역한 책이다.

2 일본 국내의 법령이나 교육행정 용어 등은 모두 큰따옴표(" ")로 묶어 표기했으며, 한자식 용어를 우리말 용어로 바꾸지 않고 일본식 그대로 한글로 표기했다.

3 각급 학교의 명칭이나 행정 용어는 일본어 한자를 한글로 표기하되 그대로 사용했다. 예를 들어, 소학교는 한국의 초등학교에 해당하지만, 이 책에서는 일본의 학교제도를 설명한다는 의미에서 소학교로 표기했다.

4 각종 위원회나 문서 등의 명칭은 띄어쓰기를 생략했다.

5 모든 주석은 옮긴이의 주석이다.

서장

패전 후의 취학·진학 동향

학교의 수용과 정착

근대의 학교·일본의 학교

패전 후의 신학제는 국내외에 걸쳐 막대한 희생을 가져온 아시아·태평양전쟁의 체험과 그 전쟁을 적극적으로 뒷받침해온 교육에 대한 반성과 민주화와 평등에 대한 희구를 배경으로 제정되었다. 패전 후의 학제를 상징하는 가장 중요한 내용 중 하나가 의무제인 신제新制 중학교의 도입이다. 의무제 중학교는 당시에는 미국 이외에는 세계 어디에서도 존재하지 않았고, 패전 후 혼란의 와중에 설치하기가 곤란했을 거라는 점은 상상하기 그다지 어렵지 않다. 의무제 중학교는 패전 전까지 소학교 졸업 후 진로별로 분기되어 있던 복선형의 학교제도에 대해 사람들이 느끼고 있던 불평등감을 해소하기 위해 성립되었다고 할 수 있을 것이다.

패전 후의 학교의 상징이라고도 할 수 있는 중학교를 비롯하여 오늘날 일본의 학교는 매우 곤란한 지경에 빠져 있다. 학교는 사람들의 생활에 분명히 자리잡게 되었고 학교에 다니지 않는 아이들도 더는 드물지 않게 되었지만, "학급붕괴"라 불리며 수업이 이뤄지지 않는 광경도 여기저기에서 볼 수 있다. 또한 정보화 사회가 진전되면서 각종 미디어들이 어린이들의 생활에 깊이 파고들게 된 점이나 심각한 집단 따돌림 문제 등 어른들이 어린이의 생활을 파악할 수 없어 생기는 문제들이 점점 늘어나고 있다. 한편 빈곤 문제가 교육 기회의 격차를 더 벌리고, 학교만으로는 대응할 수 없는 사태가 다수 발생하는 등 학교는 여태까지는 없던 동요에 휘말리고 있다.

패전 후의 학교는 어떤 역사적 전개를 거쳐 현재에 이르게 되었을까?

　필자는 학교의 역사적 전개를 각 시대의 새로운 과제에 대응하기 위해 학교가 자기 모습을 조정해가면서 내실을 다져왔던 과정으로 파악한다.

　그 전제로서 이 책이 다루는 "패전 후의 학교"는 모든 이가 가는 것을 전제로 하는 근대의 학교라는 것을 확인해두고자 한다. 근대 이전에도 문명사회의 성립과 함께 학교가 존재했지만, 그것은 그 사회의 지배자들을 위한 것으로서 누구에게나 필요한 것으로 설치된 것은 아니다. 그러한 의미에서 "근대의 학교"(이하 "근대 학교")는 근대 이전의 학교와는 구별해서 사용한다.

　근대 학교의 원형은 18세기 말의 산업혁명 시대의 영국에서 발견되는데, 일정한 생산단계에 이른 사회에 적응하는 인간을 육성한다는 근대 사회의 과제에 대응하기 위해 생겨난 것이다. 근대 학교의 가장 기본적인 성격은 "가르친다"는 문화전달을 축으로 하여 생활의 장과는 거리를 두고 구성된 특별한 시공간에 대상이 되는 모든 어린이들을 일정한 기간 동안 수용한다는 점에 있다. 근대 이전에는 공동 사회(촌락)의 통치나 직업 기능의 전승 등 새로운 세대가 선행 세대의 문화를 "배움"으로써 인간 육성이 이루어졌다. 실제로는 촌락에서 살아가는 것 자체가 그대로 인간 육성으로 이어졌으며, 압도적으로 오랜 기간 동안 아이들은 이처럼 촌락 안에서 배우고 자라왔다. 이에 반해 학교는 "가르친다"는 강한 의도성을 가지고 일관된 특별한 장에서 인간을 육성했다.

그리고 또 주목하는 것은 "일본의 학교"의 발자취이다. 그것은 곧 서양에서 만들어진 근대 학교를 받아들여 일본 사회에 걸맞도록 새롭게 만들어온 과정이다. 근대 학교라고 하더라도 소속된 사회나 문화에 따라 그 성격은 크게 다르다. 당연히 일본 사회 안에서 만들어진 학교는 "일본의 학교"로서 독자적으로 발전해왔다.

사회로 나가는 출구로서의 학교

여기까지 "교육"이라는 말이 아니라 "인간 육성"이라는 말을 사용했다. 학교는 교육을 행하는 곳이라는 의미가 일반적인데, 일본 근대에 학교가 출발했을 때 "오세이다사레쇼被仰出書"라는 이름으로 인구에 회자된 학제(학교)의 설명문인 학제포고서에 "교육"이라는 말은 사용되지 않았다. "교육"이라는 말은 학교의 보급과 함께 정착되었다.

그 결정적인 역할을 한 것이 "교육에 관한 칙어(교육칙어)"이다. 이 책에서는 일본의 "교육" 개념이 학교와 함께 독자적으로 정착되어 왔다는 사실에 근거하여, 주로 학교에서 교사들이 어린이들에게 영향을 미치는 행위에 대해 "교육"이라는 용어를 대응했다.

또한 인간 사회를 유지하기 위한 차세대 양성을 전체적으로 파악하고자 할 때는 "인간 육성"이라는 말을 사용했다. 인간 육성은 의도적인 차세대 양성의 총체라고도 할 수 있다. 그러나 이 부분에서 어려운 것은 어디까지가 의도적인가라는 문제이다. 습관이나 관습은 특정인의 의도를 직접 나타내는 것은 아니지만, 세월이 흘러 사람들의 생활 안에 정착된 공통의 의도라고도 할 수 있다. 예를 들면 "웃음거리가 되지 말라"는 말로 사람의 행동을 억제하는 경우가 있다. 웃는다는 것이 의도적인가 의도적이지 않은가의 경계는 미묘하다. 그러한 모호한 부분까지 포함하면서 광의의 인간 육성이 이루어지고 있다.

필자는 일본 사회가 학제 발족 이후 약 반세기에 걸쳐 학교를 받아들여 정착시켜왔다는 점에 주목한다. 앞서 말했듯이 "가르치다─배우다(가르침을 받다)"라는 관계만 존재하는 생활의 시공간에서 격리된 독자적인 장을 만들어 유지하는 것은 쉬운 일이 아니었다. 1870년대 학교 도입 초기에는 부모들에게 소중한 일손인 어린이들을 데리고 가고 소학교 건축 비용이나 수업료까지 징수하는 것에 반대하여 학교를 부수는 일까지 일어났다. 또한 고용한 교사가 학교에 좀처럼 나타나지 않는 일도 있었다. 취학을 강제적으로 독촉해도 학교는 쉽게 정착되지 않았는데, 이 새로운 제도나 양식은 부단히 이루어져온 사람들의 생활에 그리 쉽게 받아들여지지 않았던 것이다.

적어도 20세기 초에는 일반 사람들이 학교를 받아들였다는 견해가 많다. 하지만 입학한 사람들이 학교를 받아들인 것을 어린이들이 졸업해 상급 학교로 진학하는 것으로 파악한다면, 그 시기는 훨씬 더 앞당겨져 1930년대까지 내려온다.

사람들이 "당연한 일"로 학교를 받아들이게 하기 위해서는 학교와 사람들의 생활과의 접점을 더욱 많이 만들고, 나아가 학교를 교사와 어린이들의 "살아 있는 현장"으로 바꾸어가는 것이 필요했다. 사람들의 삶에 학교가 당연하게 자리 잡게끔 하는 것이다.

이 책에서 살피고자 하는 "패전 후의 학교"는 이러한 과정을 거쳐 일본 사회에서 사람들이 일반적으로 다니게 된 학교를 말하고자 하는데, 그것은 시기에 따라 달라진다.

크게 파악하면, 패전 전의 학제에서는 (심상)소학교가 그에 해당하는데, 패전 후에는 의무화된 중학교까지 연장된다. 그 후 고등학교(이하 고교) 진학자가 늘어나 1960년대 전반에는 고교를 졸업하고 나서 사회로 진출하는 사람의 비율이 중학교에서 사회로 진출하는 사람을 웃돈다. 그리고 1990년대 전반에는 대학 졸업 후 사회에 진출하는 사람의 비율이 고교에서 사회로 진출하는 사람을 상회한다([그림 0-1]). 이처럼 사람들이 일반적으로 다니는 학교는 확대되는 추이를 보인다.

이 책에서는 학교에서 "사회로 들어가는 입구"(학교의 출구) 부분에 주목한다. 전술한 바와 같이 학교란 특별한 시공간에서 차세대를 양성하는 장이고, 어린이를 우선 생활로부터 떨어뜨려놓았다가 다시 사회로 돌려준다는 영위를 전제로 한다. 학교 도입기에는 무엇보다도 "사람들을 어떻게 학교로 오게 할 것인가?"가 학교의 존속과 관련된 과제였지만, 오늘날과 같이 학교를 다니는 것이 보통이 된 후에는 어느 단계의 학교를 졸업한 시점에서 "어떻게 사회로 돌려줄 것(내보낼 것)인가"가 과제가 된다.

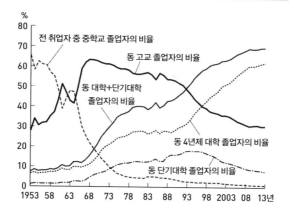

[그림 0-1] 학교의 졸업자 비율의 변화

%
80
70 전 취업자 중 중학교 졸업자의 비율
60 동 고교 졸업자의 비율
50 동 대학+단기대학
40 졸업자의 비율
30
20 동 4년제 대학 졸업자의 비율
10 동 단기대학 졸업자의 비율
0
1953 58 63 68 73 78 83 88 93 98 2003 08 13년

■ 해당 연도에 학교를 졸업한 신규 취업자의 합계에서 각 연도의 중학교에서 대학까지의 각각의 학교 단계
에서의 취업자를 제외한 비율

출처: 「학교기본조사보고서学校基本調査報告書」

취학 동향을 통해 본 학교의 정착

우선 취학 행동이라는 관점으로만 좁혀서 패전 후 70년을 조감해
본다. 취학 동향은 학교 진흥이라는 정책적 의도와 취학에 대한 사
람들의 의사가 상호작용하여 나타나는 것이다. 여기에서는 패전 후
의 학교와 사람들의 관계를 취학 동향이라는 양적인 추이 안에서
파악하고자 한다.

또한 이 책에서는 "취학"이라는 말을 통상보다는 넓게 학교에 입
학하는 것, 취학하고 있는 상태, 졸업하기까지를 포함하는, 즉 학교
에 가는 행위나 상태의 총체를 표현하는 의미로 사용한다.

패전 후 일본 사회에서 학교를 당연한 것으로 받아들이고 이용

[그림 0-2] 진학 동향 및 장기결석률의 추이

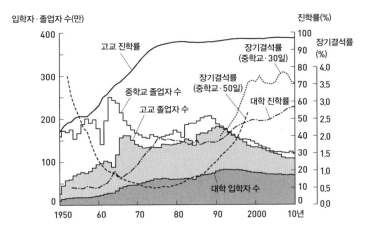

■ 대학 진학률의 모수는 대학 학부(단기대학을 포함) 진학 3년 전의 중학교 졸업자 수이며, 장기결석률은
장기결석 학생 수가 재적생 수에서 차지하는 비율이다.

출처: 「학교기본조사보고서」

하는 "학교화 사회"가 급격하게 구축되었던 것은 의무교육 후의 진
학 동향에 여실히 드러나고 있다.

　[그림 0-2]에서는 패전 후 일본인들이 학교를 어떻게 받아들이
고 어떻게 거리를 두고자 했는지 볼 수 있다. 여기에서 알 수 있는
것은, 우선 일본 사회는 4반세기 동안 의무제의 학교는 물론 고교
라는 이른바 무리해서 가지 않아도 되는 학교에까지 계속해 취학
을 했다는 점이다. 일본은 고도성장을 거치면서 18세까지는 생활
의 많은 시간을 학교라는 배움의 공간에서 보내는 사회가 되었다.

　신제 중학교는 패전 전의 취학 경험을 전제로 "피와 눈물의 역

사"를 연상케 하는 설립 과정을 거치면서, 그리고 학교 현장에서 궁리와 노력을 거듭하면서 정착되어갔다. 그리고 고교까지의 진학도 매년 증가했다. 이 과정에서 초등 후 교육기관이나 정시제 고교라는 취로와 취학의 중간 형태의 진학도 포함되었으며, 고도성장기에 이르러서는 전일제의 고교 취학이 통상적으로 받아들여지는 사회가 구축되었다.

취학 행동에서 특히 눈에 띄는 것은 이른바 베이비붐 세대라 불리는 1947년도부터 1949년도 출생자들로, 1963년(3월 졸업)에서 1965년에 걸쳐 중학교를 졸업한 사람들이다.

패전 후 출생한 아이들을 포함해 아이들이 처음으로 중학교를 졸업한 해는 1961년이고, 이때의 졸업생 수는 140만 명이었다. 이 졸업생은 1920년대 이후 최저의 출생률을 보였던 1945년생 아이들이다. 그래프를 보면 이 해를 기점으로 매년 50만 명씩 증가세를 보이고, 1963년 졸업자는 250만 명에 조금 못 미쳤다는 것을 알 수 있다. 2013년도의 중학교 졸업생 수가 119만 명이므로 그 증가가 얼마나 대단했던 것인지 알 수 있다. 이처럼 베이비붐 시대는 신학제 출발과도 겹치고, 패전 전과 패전 후를 구분하는 상징적인 기점이 되었다.

패전 전부터의 취학 동향과 지역차

그런데 이렇게 취학 행동이 확산되는 양상은 패전 후의 신학제에서만 볼 수 있는 것이 아니다. 1930년대에 사람들은 이미 심상소학교라는 패전 전의 의무제 학교에 입학하고 졸업하는 취학 행동을 받아들였고, 그 후에도 취학은 계속되었다. 패전 후에 그것이 규모나 질적인 측면에서 비약적으로 증진되었다는 점은 [그림 0-2]가 보여주고 있다.

패전 전의 중등학교는 경제력과 학력을 보유한 일부 사람들이 다니는 학교였고, 대다수는 (심상)소학교 또는 소학교를 연장한 고등소학교나 실업보습학교라는 초등 후 교육학교를 거쳐 사회로 나갔다. 초등 후 교육학교로의 진학자가 증가하자, 1937년에는 그것들을 통합하는 형태로 만들어진 청년학교가 의무화되었다. 다만 청년학교는 19세까지의 남자만을 대상으로 했고, 지역에 따라 다르기는 하지만 수업이 끝난 후의 몇 시간을 소학교나 공장 부지에서 사회로 나가기 위한 준비교육이나 군사훈련을 하는 등 어디까지나 취로와 취학의 중간 형태로 확장되었다. 패전 후에는 전기 중등교육(중학교)을 의무제로 하여, 4반세기 만에 후기 중등교육(고교)으로의 취학이 통상적인 상태가 되었다.

다만 취학 동향은 지역, 계층 그리고 산업의 양태나 가업의 형태에 따라 상당히 다르게 나타났다. 신제 중학교로의 취학 행동은 특히 패전 전부터 이어져온 촌락 사회의 영향이 남아 있는 농산어촌農山漁村의 경우 아동의 노동력이 필요하거나 촌락 사회의 문화와 학교의 문화가 양립되지 않는 경우가 있어서 금방 정착한 것은 아니다.

당초에는 [그림 0-2]에서 볼 수 있는 것처럼, "장기결석"이라 불리는 연간 50일 이상 결석하는 아이들을 나타내는 "장기결석생"

이 중학교 전체에서 4퍼센트가량 있었다. 내역을 보면, [표 0-1]에서 보듯이 중학교의 취학률은 지역차가 커서 어촌에서는 상당수의 어린이들이 중학교에 통학하지 않았다. 그래도 장기결석 학생 수는 매년 감소하고 있었다.

고교 진학률도 1960년에는 전국 평균이 58퍼센트였는데, 도시와 지방이 크게 달랐다. 도쿄가 이미 78퍼센트였던 것에 비해, 동북 지방에서는 50퍼센트 미만의 현이 아오모리, 이와테, 야마가타, 후쿠시마 등, 규슈에서는 미야자키, 나가사키, 구마모토, 가고시마 등 합쳐서 열네 현이나 되었다. 격차는 고도성장기를 거치면서 점차 축소되어갔다. 고교 진학률은 1970년에는 전국 평균이 80퍼센트를 넘어, 10년 동안 약 25퍼센트의 증가세를 보여준다. 아오모리, 이와테, 오키나와가 66~67퍼센트로 가장 비율이 적었지만, 그 격차는 대폭 해소되었다.

[표 0-1] 중학교 취학률의 지역차

	시가지		농촌		산촌		어촌	
	학교명	4~10월 평균(%)	학교명	4~10월 평균(%)	학교명	4~10월 평균(%)	학교명	4~10월 평균(%)
중학교	미토 제2	95.3	가와와다	91.9	이세하타	91.0	이소하마	83.3
	미토 제3	91.3	이이토미	92.0	이와후네	89.7	오누키	89.5
	츠치우라	91.5	고다이	92.0	야사토	81.6	히라이소	90.5
	스케가와	93.4	사노	91.7	류고	86.1	하사키	68.6
평균(%)	92.9		91.9		87.1		83.0	

출처: 「이바라키현 교육조사 속보」(1950년 1월 25일)

진학률 증가의 양상

여기에서는 진학률에 주목하여 패전 후 학제의 정착에 대해 살펴보기로 하자([그림 0-2]).

고교 진학률은 1950년대에 20명 중 19명이 진학하여 거의 안정기에 접어들었다. 내실을 들여다보면 고교 지원자 중에서도 보통과 지원이 높아지고 있었다. 그리고 대학·단기대학 진학률은 1960년에 약 10퍼센트였는데, 1970년대 중반에는 30퍼센트 후반까지 상승하여 고등교육의 대중화가 추진되었다.

1970년대 중반에 고교 진학률이 한계점에 도달하게 되는 것은 지원자 모두가 고교로 진학할 수 있는 것은 아니라는 "적격자주의"를 전제로 사립학교의 정원을 조정하는 등 도도부현(지방자치체) 수준에서의 고교정책이 있었기 때문이다. 대학 진학률도 1970년대 중반에는 상승세가 둔화되어 30퍼센트 후반으로 유지되었다.

즉 (1975년의 사립학교진흥조성법에 따라) 사립학교가 초과 입학을 제한하고, 국토계획에 기초해 대도시권의 대학 정원 증가를 억제하며, 전수학교를 제도화하는 등 고등교육계획이 전환되었기 때문이었다. 고등교육의 진학률 억제 정책이 도입된 배경에는 고졸 노동력의 확보라는 재계로부터의 요구가 있었다.

이 같은 진학률의 추이는 패전 후의 학교제도가 사람들의 인생 경로에 자리매김했다는 것을 의미한다. 거기에는 농민(농가), 상인(상가) 또는 장인 등의 가업에서나 노동자 등 계층별로 이루어지던 인간 육성이 고도성장 속에서 쇠퇴하고 차세대의 양성을 학교에 위탁하고자 하는 사회 전체의 큰 흐름이 있었다.

앞서 말한 바와 같이 1970년대 중반에는 고교·대학의 진학률이 각각 94퍼센트, 38퍼센트까지 도달해 한계점에 이르게 되는데, 이것을 남녀별로 살펴보자. 고도성장 후의 1980년, 여자대학으로의 진학률은 4년제 대학이 12퍼센트였던 것에 비해, 단기대학은 21퍼센트였고, 그 후에도 1990년대 초까지는 모두 상승했다([그림 0-3], [그림 0-4]).

여성의 평균 초혼 연령이 1960년대부터 1980년대까지 24~25세였던 것을 고려하면, 여성의 입장에서는 단기대학 졸업 후 3, 4년 직장을 다녔다가 그 후 퇴사하여 가정을 지키는 경로가 진학 요구도 만족시키면서 자신의 라이프스타일로 받아들이기 쉬웠을 것이라고 생각된다. 그리고 이 동향은 남편의 소득으로 가족 전체를 지탱하는 "일본적 고용"이 성립된 것과도 깊은 관계가 있다. 이러한 시스템을 만들어가면서 일본형 기업 사회가 기능하게 된 것이다. 1970년대부터 1980년대에 걸친 여자의 단기대학 진학률은 4년제 대학으로의 진학률을 크게 웃돈다. 남자는 4년제로, 여자는 고졸에서 단기대학으로의 진학을 선택하는 동향은 1990년대까지 계속되었다.

거품경제 붕괴 후 일본형 기업 사회는 크게 동요했고, 그것을 유지하기가 곤란해졌다. 그 흐름을 반영하듯이 1997년에는 단기대학과 4년제 대학의 여자 진학자 수가 역전된다.

1990년대에 법적 규제가 완화되면서 대학이 신설되고 정원이 늘

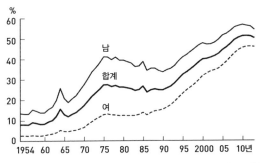

[그림 0-3] 남녀의 4년제 대학 진학률 동향(재수생 포함)

출처: 「학교기본조사보고서」

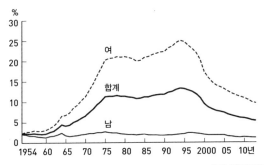

[그림 0-4] 남녀의 단기대학 진학률 동향(재수생 포함)

출처: 「학교기본조사보고서」

어나 2000년대에는 남녀 모두 동일 나이의 반수 이상이 고등교육
을 받는 이른바 고등교육의 보편화(마틴 트로$^{Martin\ Trow}$, 『고학력 사회의
대학$^{The\ University\ in\ the\ Highly\ Educated\ Society:\ From\ Elite\ to\ Mass\ Higher\ Education}$』)가 진행된다. 또한
전수학교가 제도화되는 등 고교 졸업 후의 중등 후 교육의 폭이 확
대되었다. 2012년도의 신규 고졸자의 진로 상황은 대학(학부) 진학

은 47.3퍼센트, 단기대학 진학은 5.4퍼센트, 전수학교의 전문과정인 전문학교 진학은 17퍼센트, 취직은 17퍼센트였다. 70퍼센트 가까이 가 대학 또는 중등 후 교육기관을 거쳐 사회로 나갔던 셈이다.

취학 동향의 전환점

이 장의 서두에서 제시한 [그림 0-2]에서 또 하나 주목해야 할 점 은 "학교에 가는 것이 보통이 되자, 어린이는 학교에 가지 않게 되 었다"는 점이다.

비취학아동에게 충실한 취학 원조를 함으로써 경제적인 부담은 경감되었고, 가업과 같은 학교에 갈 필요성을 느끼게 하지 못하는 문화적인 저해 요인은 고도성장을 거치면서 배제되었다. 이런 식으 로 패전 후의 학교는 어린이들을 포섭해갔다. 그러나 1970년대 중 반을 최저점으로 학교에 가지 않거나 가지 못하는 어린이의 수가 증가세로 접어들었다.

이 어린이들은 어떤 동향을 가지고 있을까?

이미 살펴본 바와 같이 1950년대 초에는 당시 학생 수의 대략 4퍼센트, 실 숫자로는 약 18만 명에 이르는 학생이 학교에 가지 않 거나 가지 못하는 "장기결석생"이었다.

당시의 문부성 통계에 제시된 장기결석 이유를 살펴보면, 가정의 경제적 사정에 기인한다는 항목과 함께 "가정의 몰이해"라는 항목 이 있다. 여기에서 말하는 "몰이해"는 어디까지나 학교 측의 파악 방식이다. 가업 유지에 필요한 읽고 쓰기 이외에는 필요 없다고 생각하는 가족의 독자적인 판단이 다수의 장기결석 아이들을 낳았다. 패전 후의 사회적 혼란이라는 요인도 있지만, 6-3제의 실현을 도모하고자 하는 학교 관계자와 학교의 논리와는 다른 고유의 양육 방침을 가진 가족과의 사이에 존재하는 문화적인 틈새가 "장기결석의 시대"를 만든 큰 요인이었다.

고도성장기를 맞아 사회의 광범위한 범위에 걸쳐 학교가 수용되고 장기결석률은 계속 감소하여 1970년대 중반에는 바닥을 치는데, 이때부터 장기결석자는 다시 증가세로 바뀐다. 이 시기에는 병인은 특정할 수 없지만 심신의 부진을 호소하며 학교에 갈 수 없는 어린이들이 늘어났다고 정신과 의사나 상담사들은 지적한다.

이 같은 새로운 형태의 결석은 "등교거부"라 불리며, 1970년대 중반에서 1980년대는 등교거부 학생이 증가하면서 사회문제가 되었다. 1950년대의 장기결석 문제와는 달리 당시의 "등교거부"는 "학교에 적응을 못 하는 어린이"의 병리현상이었고, 본인의 기질이나 가정의 양육방식에 원인이 있다고 파악하는 경향이 유력했다. 그 대응도 "장기결석"과는 달리 심리요법이나 의료 관련 치료를 통해 부적응 상태에 있는 어린이나 그 가정을 바꾸어가고자 하는 시도가 이루어졌다.

"학교에 적응을 못 하는" 사태가 문제시된 것은 학교를 경유하여 직업 전선에 들어가는 삶의 방식이 "표준"으로 여겨진 데 배경이 있다. 학교에서 잘 해내는지 여부가 어린이나 가정에게 지극히 중요한 과제가 되었기 때문이다.

이러한 "등교거부"를 병리현상으로 간주하는 전문가의 견해에 문제의 당사자들이 점차 이의를 제기하기 시작했다. 학교를 쉬는 어린이나 그 가정, 그들을 지원하는 사람들이 관리주의적인 학교를 비판했고, 지금의 학교를 절대적인 존재로 받아들이면서 당연히 학교에 다녀야 한다고 생각하는 것에 의문을 표하게 되었다. 가정이나 본인에게 문제가 있다는 견해를 비판하고 사회의 병리로 결석을 파악하는 견해가 1980년대 후반부터 힘을 가지기 시작하여 팽팽한 논의가 이루어졌다.

제4장에서 자세하게 살펴보겠지만, 학교에 가지 않거나 가지 못하는 사람들이 안심하고 지낼 수 있는 "거처" 만들기나, 프리스쿨 (대안학교)이라 불리는 배움터를 설립하는 움직임이 급속도로 진전되었다.

패전 후 학교의 과제의 변천

여태까지 살펴본 패전 후의 취학·진학 동향 가운데, 학교는 학교 자체의 논리를 가지면서도 사회로부터의 요청에 응답해 운용되기를 요구받아 왔다. 시대별 과제가 무엇이었는지 단순하게 나타낼 수는 없지만, 주요한 것들에 주목하여 패전 후 학교의 과제를 전체적으로 개관하면 다음과 같이 전개되었다고 필자는 파악한다.

• 패전 후부터 1950년대까지의 제1기:
전후 민주주의 사회의 구축을 담당하는 교육

- 1950~1960년대까지의 제2기:

  산업화 사회의 구축에 대응하는 교육

- 현대에 이르는 제3기:

  새로운 과제에 대한 대응과 학교의 토대 재구축

이와 같은 시대별 과제에 대응해온 학교의 발자취를 파악하기 위해, 제1장에서는 우선 패전 후 학교의 기반이 된 근대 학교와 그것을 바탕으로 한 "일본의 학교"의 성립 과정에 대해 정리한다. 그리고 제2장에서는 제1기, 제3장에서는 제2기, 제4장에서는 제3기를 서술하며 학교의 전개를 살펴보기로 한다. 그리고 마지막 장에서는 앞으로의 학교의 과제에 대해 서술하기로 한다.

제1장

"일본의 학교"의 성립

근대 학교의 도입과 전개

패전 후의 학교는 패전 전과 전시 중의 학교를 반성하고 그 위에 성립되었다고 하지만, 패전 전에 형성된 일본 학교의 토대라고도 할 수 있는 기초 구조는 패전 후 사회에도 연속해서 관통하고 있다. 그러한 의미에서 패전 후 학교의 역사는 패전 전 "일본의 학교"의 형성기가 그 출발점이다. 단적으로 말하면 "일본의 학교"는 서양의 근대 학교를 일본 사회의 현실에 맞게 재편성해 성립되었다.

그 과정은 근대 학교가 지닌 선발·배분의 기능과 교육을 실천하기 위한 공동성의 구축이라는 두 가지 지향점의 상극을 낳았다. 여기에서 말하는 공동성은 학교가 일본의 근대국가 레짐resume 안에 크게 포섭되는 정치적 상황과 밀접하게 관련된다. 상극이나 모순을 수반하면서 일본의 근대 학교가 성립되어가는 과정은 역사적 존재로서의 "일본의 학교"의 기본적인 성격을 만들어가는 과정이기도 했다.

1. 산업혁명과 근대 학교

학교의 탄생

오늘날의 일본 학교는 서양에서 도입된 스쿨school을 원형으로 하고 있다. 스쿨은 독일어의 슐레Schule, 프랑스어의 에콜école과 같고 여가라는 뜻의 그리스어 스콜레Schole가 여기에 해당한다. 여가와 학교가 결부된다는 것은 무슨 의미인가? 학교는 생활로부터 분리된 특별한 시공간에서의 문화전달을 특징으로 한다. 이를 위해서는 일상적인 노동에 속박되지 않을 필요가 있다. 학교란 노동으로부터 해방된 여가를 필요조건으로 한다는 의미에서 그 어원은 정곡을 찌르고 있다.

메소포타미아, 이집트 문명 시대에도 학교가 있었다고 확인되지만, 일본에서는 670년경에 만들어진 "훈야노츠카사^{学職}"가 학교의 연원이라고 한다. 이처럼 생산의 향상에 따른 잉여시간을 확보하고 생산을 하는 데 있어서 사람이나 물건을 관리하기 위한 문자가 필요해지면서 특별한 시공간에서 문화를 전달하는 학교의 필요성이 커진 것이다.

학교의 기원 자체는 오래되었지만, 오래전 학교를 다닐 수 있는 사람은 어디까지나 일부의 위정자나 그 주변 사람들로 한정되어 있었다. 학교에 의한 문화전달이 일반인에게도 이루어진 것은 근대에 이르러서였다.

근대 이전의 공동체 사회에서 이루어지는 문화전달은 장인의 기능을 전달하는 방식에서 단적으로 볼 수 있다. 예를 들면, 중세의 신발 장인은 제자들에게 신발 만드는 방법을 지도한 것이 아니다. 제자는 스승과 생활을 같이하면서 스승의 기술을 배운다(=훔친다). 신발 장인이 전달하는 문화의 기본은 상징적으로 이야기하면 "열심히 좋은 신발을 만드는 것"이다. 제자는 스승이 열심히 일하면서 살아가는 모습 안에 새겨진 신발 만들기 기술을 습득하는 것이다.

이와 같이 근대 이전에는 배움에 의한 문화전달이 이루어진 데 반해, 산업혁명 이후에는 명확한 의도를 가지고 필요한 지식을 가르치는 문화전달이 과제가 되었다. 생활과는 거리를 두고 "가르치는" 것만을 위한 특별한 시공간을 설정하고 문화전달을 조직하는 장, 그것이 근대 학교이다.

학교에 의한 문화전달

새로운 문화전달을 비약적으로 발전시킨 것이 15세기 중반에 구텐베르크가 발명한 활판인쇄이다. 대량의 텍스트 공유가 가능해짐으로써 17세기에는 "가르치다-배우다"라는 문화전달 방식을 정식화한 교수학^{Didactica}이 생겨났다. 교수학의 아버지 코메니우스는 주저인 『대교수학$^{Didactica Magna}$』에서 "모든 이에게 모든 지식을"이라는 범지주의를 주장했고, 아이들을 "정교한 기계"로 판단하여 지식을 전하는 교수인쇄술^{Didacographia}을 제시했다.

인쇄기술에 비유해 대량의 "백지$^{tabula rasa}$" 상태의 아이들을 상정하고, "학생의 정신에 지식이라는 문자를 인쇄한다"고 했던 것이다.

산업혁명이 진행되고 도시로의 인구집중이 일어나자, 공동체로부터 뿔뿔이 흩어져 나온 어린이 무리가 길 위에 넘쳐나게 된다. 이들을 노동력으로 바꾸어가고자 하는 움직임이 근대 학교의 원형을 만들어냈다.

근대 학교에 의한 새로운 문화전달의 대표적인 것이 18세기 말 산업혁명이 진행되던 영국에 나타난 조교제$^{monitorial system}$이다. 이것은 조교라 불리는 모니터^{monitor} 여러 명을 이용하는 것으로, 각각의

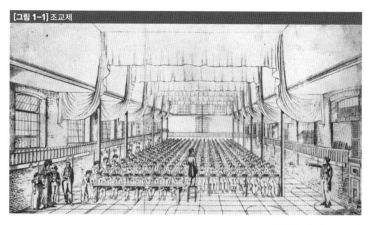

[그림 1-1] 조교제

출처: *The English School*

모니터가 복수의 학생에게 교수를 하는 방식이며 그 대표적인 것이 랭커스터법이라 불리는 형태이다([그림 1-1]).

언뜻 보면 다수의 어린이들을 앞에 두고 교단 위의 "교사"가 동일한 내용의 교수를 하는 것처럼 보이지만, 실제로는 교실의 옆벽을 따라 서 있는 여러 명의 모니터(조교)가 어린이들을 집단적으로 모아서 교수 활동을 했다. 모니터는 학생 중에서 성적이나 인품 등을 고려해 선발한다. 가장 앞줄에는 모래가 깔린 책상이 있고, 가장 초보적인 알파벳 등을 가르친다. 셈법이나 문자 등을 쉬운 것부터 어려운 순서로 배우도록 그에 맞추어 좌석이 배열되어 있다. 중앙에 있는 사람은 감독 모니터general monitor for order이고, 모니터와 아이들 모두를 관리하는 사람이다. 감독 모니터는 아이들이 공부에 전념하고 있는지 감시하는 동시에 모니터가 제대로 가르치고 있는

지도 감독한다. 감독 모니터가 향해 있는 오른쪽 끝에 서 있는 사람이 교장school master으로 그 학교를 통괄하는 교사이다.

이와 같은 체제 안에서 아이들은 학교에서 배울 수 있는 능력(자세)을 기르고 시간에 맞춰 등교하여 게으름 피우지 않고 공부에 집중하는 이른바 "학교에서 배우는 신체"를 만들어갔던 것이다.

원형으로서의 공장 방식

일제교수*로 가기 전의 과도기적 형태인 조교제는 공장과 같이 규격화된 제품(=인간[노동자])을 만든다는 의미에서 공장과 유사하다고 파악하는 경우가 많다. 이 책에서는 그와 같은 일반적인 성격뿐아니라 다수의 아이들에게 동일한 지식을 전달하는 테크놀로지에 주목하고 싶다. 일제교수는 후에 주입식이라거나 획일적인 교수 방식이라고 하여 비판의 대상이 되지만, 다수의 아이들이 확실하게 필요한 지식을 습득하게 하기 위한 유효한 방법이었다고 할 수 있다. 그 상징적인 예로 야나기 하루오柳治男의 연구에서 주장하는 문자의 습득 방식을 보면, 우선 문자(알파벳)가 어떻게 구성되어 있는가로 되돌아가서 직선문자, 사선문자, 곡선문자 등 "요소로 분해"하여 문자를 분류한다. 게다가 간단한 직선으로 구성된 문자로부터 사선, 곡선이 조합된 문자로 순차적으로 나아가는 프로그램을 준비한다. 마찬가지로 쉬운 것에서 어려운 것으로라는 원리로 순서를

---

* 교사 한 사람이 다수의 학생을 같은 시간에 가르치는 교수 방식으로, 세계 학교들의 교수 대부분이 이 방식으로 이루어지고 있다. 일제학습, 일제지도라고 부르는 경우도 있다.

정해 읽기와 계산을 가르친다. 대상을 분석하고 이해하기 쉽도록 쉬운 것에서 어려운 것, 단순한 것에서 복잡한 것 등으로 배열하는 것은 학교 수업의 기본적인 방식이다. 여기에는 가르치기 위한 궁리나 기술(페다고지)의 원형을 볼 수 있다.

19세기 초에는 "갤러리 방식"이라 불리는, 교사가 직접 다수의 아이들을 마주 보고 교수를 하는 형태의 학교가 등장한다([그림 1-2]). 조교제에서는 모니터에 의해 이루어졌던 교수가 갤러리 방식에서는 계단 모양의 교실 전체에서 일제히 이루어졌다. 이것은 일대 다수의 관계 안에서 무엇을 전달할 것인가 하는 강한 의도를 가지고 그 의도성에 기초한 "가르침"이라는 방식을 조직한 근대 학교의 원형 중 하나였다. 이 방식은 프로이센의 근대 학교에서는 평탄

[그림 1-2] 갤러리 방식

출처: 『학교교육의 이론을 향해学校教育の理論に向けて』

한 교실에서 이루어지는 등 다양한 형태로 행해졌다.

2. 일본의 근대 학교

공장 방식을 원형으로 하는 학교는 유럽이나 미국에 확산되다가 그 후에 일본에 전해지는데 그 형태 그대로 정착된 것은 아니다. 일본의 경우, 아이들은 공동체 안에서 아동 노동력으로서 역할을 부여받았고 촌락의 습속에 편입되었다. 일본의 근대 학교는 국가로부터 국민 형성의 요청을 받아 강제력으로 아이들을 공동체로부터 분리해 학교에 편입시킬 것을 요구했다. 그러나 강제가 그대로 실현되는 것은 어려웠고, 실제로는 교사가 아이들이나 부모의 생활 과제에 따른 학습 요구에 응답하고자 하면서 학교를 현실에 맞게 다시 짜나가게 되었다.

데라코야寺子屋와 소학교

일본에는 서양의 근대 학교가 도입되기 이전에 서민 교육기관인 데라코야(데나라이주쿠手習塾라고 부르는 경우도 있었다.), 번의 관리 양성기관이었던 번교, 그 어떤 범주에도 들어가지 않는 다양한 형태의 향교 등 다양한 "학교"가 존재했다. 다만 그 대부분은 교육의 대상이 신분이나 지역 또는 성별에 따라 한정되어 있었다. 그에 비해 근대 학교는 일반 사람들에게 열린 공교육 제도하에서 통일적인 체계를 지닌 기관이었다. 데라코야와 근대 학교는 한 사람의 교사와 여러 명의 아이들이라는 점에서는 같았지만, 그 관계의 구조는 완전히 달랐다.

[그림 1-3]은 에도의 데라코야의 모습이고 [그림 1-4]는 학교제 도가 출범했던 당시에 학교의 교사 양성을 위해 준비한 『사범학교 개정 소학교수방법師範学校改正小学教授方法』(1876)이라는 당시의 대표적 인 교수서에 그려진 교실의 모습이다. 두 그림에서 차이를 읽을 수 있는데, [그림 1-3]의 데라코야에서는 스승과 각자 공부(자습)를 하 고 있는 데라코가 그려져 있지만, [그림 1-4]에서는 교사가 아이들 을 집단으로 대면하면서 전체에게 하나의 명확한 내용을 가르치고 있다.

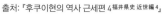

출처: 『후쿠이현의 역사 근세편 4福井県史 近世編 4』   출처: 『근대일본교과서 교수법 자료집성近代日本教科書 教授法資料集成』

후발효과

일본에서는 근대 학교 도입기에 조교제를 조정하여 아이들의 학력에 따른 등급제라는 진급제도를 채택했다. 후발 근대국가인 일본에서는 서양의 지식과 기술을 신속하게 받아들인다는 과제에 대응하는 형태로 이 제도가 선택되었다.

등급제란 국가가 요구하는 지식·기술을 조합하여 난이도에 따라 배열한 학교 커리큘럼의 단위를 "급^{grade}"이라 하고, "급" 단위의 교육 내용을 취득했는지 시험으로 확인하고 진급시키는 방식을 가리킨다. 예를 들면, 근대 학제 도입 당초의 소학교의 과정은 상등·하등의 2등과로 나뉘어 있었고, 각 등과를 8급으로 구분하여 재학 기간을 4년으로 정했다. 매월 소시험, 반년마다 정기시험을 실시하고, 소학교를 졸업할 때에는 졸업시험을 거쳐 중학교에 진학한다. 개별 학교를 넘어 학교제도 자체가 "급"의 체계로 구성되었고, 진급을 위한 엄격한 시험제도가 도입되었던 것이다. 엄격한 시험으로 교육 내용을 유지하고, 학생으로 하여금 새로운 지식을 얻으려는 의욕을 고취했다고 할 수 있다. 일본의 입장에서 이러한 제도를 보면, 일본은 서양 제국들로부터 멀리 떨어진 극동 지역에 위치하고 있었기 때문에 지식·기술의 전달을 보다 순화하는 형태로 근대 학교의 방식을 만들어냈다고도 볼 수 있다.

1880년대 중반까지 일본의 학교제도는 사법은 사법성 법학교, 공학은 공부성 공부대학교라는 식으로 학문 영역별로 정점에 위치하는 학교가 존재했다. 후에 그 정점 학교를 통합하는 형태로 제국대학을 설치했고, 신지식·신기술의 이입을 도모하는 거대한 시스템을 만들어냈다. 그리고 학교를 근대국가의 통치기구와 연계하여 자리매김했다. 제국대학을 졸업한 사람을 국가 관료조직에 배치하는 명확한 우대 정책을 취한 것이 그 상징적인 예다. 이와 같은 학교의 위신을 드러내는 구조는 근대의 여러 부문과 관계를 만들어가면서 파급되었고, 학력 사회를 구축해갔다.

이러한 구조와 사회 전체에 대한 파급 방식은 일본만의 일이 아니라 뒤처져서 근대화를 추진한 국가들의 공통된 특징인 학력 병리(로널드 도어Ronald P. Dore, 『학력 병리*The diploma disease: education, qualification and development*』)로 여겨졌고, 후발효과라고 불렸다. 이처럼 학교는 표준화되고 "제도화된 과학"을 효율적으로 습득하기 위한 장치로서 자리매김되었고, 학력에 따라 사회로 인재를 배분하는 역할도 하게 되었다.

국민 형성의 장

초창기 일본의 근대 학교는 새로운 지식·기술을 도입하고 흡수하는 장치였을 뿐 아니라 언어와 역사와 도덕을 공유하는 국민의 형성을 담당하는 기관이었다. 그 국민 형성의 중핵에 자리매김한 것이 소학교였다.

1890년에 황실을 중심으로 한 "국체"를 기초에 두는 국민교육의 기본 이념을 제시한 "교육칙어"가 반포된 후에, 소학교에서는 "덕성"의 함양이나 의식·행사 등을 통해 학교나 국가에 대한 귀속의식을 육성하는 것이 중시되었다. 이것은 학교에서 배우는 교육 내용과 동등하게 여겨졌고, 어떤 의미에서는 그 이상의 영향력을 가지고 있었다.

소학교(심상과·심상소학교)는 의무교육기관으로서, 덕육을 상위에 두고 지식이나 기술을 하위에 두는 한 묶음의 인격 교육으로 국민(신민)을 형성하는 장이라는 특별한 위치를 부여받았다. 예를 들면, 철학자인 이데 다카시出隆가 회상하듯이 고등교육에서는 황실의 역사가 실증적인 학문 대상이었지만 그 내용은 "밀교"적인 취급을 받았기 때문에 세간에는 공유될 수 없는 특별한 사람들만의 교양으로 간주되었다. 그에 대해 소학교에서는 모든 사람들이 공유하는 이른바 "현교顯教"로서 한 번도 단절된 적 없는 만세일계萬世一系의 황실의 역사를 설명했고, 국민 누구나 알아야 하는 교양으로 간주되었다.

"일본의 소학교"의 형성

20세기 초까지 일본은 학교제도 전체를 정비하면서 "누구나 가는 학교"로서 소학교를 구축했다.

한 예로 도쿄의 혼고구 세이시誠之소학교의 약 1세기에 걸친 변천을 학교의 조직·제도, 커리큘럼, 행사 등을 중심으로 도식화한 것이 [그림 1-5](권말 수록, 198쪽 참조)이다.

이 그림을 보면, 1890년대부터 20세기를 맞기까지 개별 소학교 수준에서 오늘날 "일본의 소학교"의 형태가 만들어져가는 대강의 과정을 읽어낼 수 있다. 예를 들면 "입학식"이 시작된 시점이 다른 소학교에 비해 늦는 등 이 학교만의 특별한 사정도 있고 일반적인 동향이 모두 반영되는 것은 아니지만, 얼마간의 차이를 지닌 일본의 소학교의 성립 과정을 현장 수준에서 볼 수 있다.

입학식, 졸업식이 출현하고 나서는 그때까지 제각각 다른 시기에 입학하던 어린이들이 정해진 시기에 입학하거나 졸업하게 되었다는 것을 알 수 있다. 학교의 입구와 출구가 명확해진 것이다.

1885년에 1등급의 표준 수학 기간이 반년에서 1년으로 변경되었고, 이듬해에는 1년 진급제가 도입되었다. 그 후 1892년에는 4월에 입학을 하게 되었고, 이것이 일본의 기본적인 입학식 풍경이 되어 "봄, 벚꽃나무 길을 걸어 학교생활이 시작된다"는 이미지로 이어진다. 사실 4월 초순에는 홋카이도에는 아직 벚꽃전선이 도달하지도 않았고, 오키나와에서는 이미 벚꽃이 져버렸지만, 이 광경은 교과서 등을 통해 공유되었다.

21세기에 들어와 글로벌화에 대응한 대학 개혁으로 대학의 9월 입학 문제가 논의되고 있지만, 원래는 당시 국제 표준에 따라 9월 입학이었고, 도쿄대학의 전신인 도쿄가이세이^{開成}학교의 규칙에도 9월 입학이라 명시되어 있다. 교원이 외국인인 고등교육기관은 대부분 9월 입학을 답습하고 있었다.

한편 대중교육기관인 소학교는 어린이를 학교에 오게 하는 것 자체가 큰 과제였고 실제로는 1년 내내 어린이를 받아들였기에 한 날짜에 하는 입학 개념이 희박했다. 4월 입학이 일반화된 것은 고등사범학교가 1887년 4월에 개교한 것이 큰 전기가 되었다. 당시의 고등사범학교는 교원 양성뿐 아니라 일본의 초등·중등교육의 "보통교육의 본산"이라는 성격도 가지고 있었기 때문이다. 이를 따르듯이 그때까지 입학식이 제각기 달랐던 중학교와 사범학교, 그리고 정착되고 있던 소학교도 4월 입학으로 통일되어갔다.

이러한 제도의 틀이 정해짐에 따라 학교의 내부 제도도 고정되어 갔다. 시업식, 종업식이 이루어졌고, 한 학년이 1년이라는 학교 시간의 단위도 정해졌다. 창립기념일이 설정되고, 매년 기념식을 시행하게 되었다. 또한 교가나 교훈을 만들어 학교의 정신적인 지주로 내세우게 되었다.

학급의 탄생

그중에서도 일본 학교의 토대를 만든 가장 큰 제도가 학급제의 탄생이다. 학교에서 "가르치다 – 배우다"라는 행위의 핵심 단위로서 "학급"이 자리 잡게 되었다.

1891년에 "학급편제 등에 관한 규칙"에 의해 "한 사람의 본과 정교원이 한 교실에서 동시에 교수할 수 있는 일단의 아동을 가리키는 것으로 하되, 종전의 1년급·2년급 등과 같이 등급을 나누지 않기로 한다"고 하여 등급제를 대신하는 학급제가 도입되었다. 여태까지의 등급제에 기초한 "급" 조직에서 교사와 어린이의 관계를 조직화한 학급제에 기초한 "구미組" 조직으로의 전환이 이루어졌다. "구미"라는 명칭은 촌락의 "어린이구미子供組"라는 생활집단에서 유래했다고 여겨진다.

여태까지 연령이 다양한 어린이들의 등급별 집합체였던 교실은 연령차가 1세 미만인 아동들이 "동급"생으로서 교사와 함께 지내는 생활의 장으로 공간의 의미가 바뀌었다.

다만 그렇다고 해서 학교나 교실의 외관이 크게 변한 것은 아니었다. 학급제 도입 당시, 실제로는 학교의 전 아동을 모아서 교수하는 단급학교가 대다수였고, 한 교실에서 한 사람의 교사가 가르치는 광경은 바뀌지 않았다. 그러나 그 의미는 크게 전환되어, 동 연령의 학급단위에서 보면 다양하고 학력차가 있는 아동집단을 교사 한 사람이 가르치는 것이었다. 그리하여 이제는 교사가 집단을 통괄해야 하는 과제가 생겨났다.

학교의 행사와 의식

학교를 공동체로서 유기적으로 운용하는 데 있어 학교의 행사와 의식이 수행한 역할은 크다. 20세기까지 점차로 성립된 입학식이나 졸업식(졸업사진), 시업식·종업식, 창립(개교)기념일 등은 말 그대로 행사를 통해 아동들의 생활시간 안에 학교의 시간을 새겨 넣는 것이었다. 그로 인해 재적하는 학교별로 경계가 분명해져 아동이나 보호자의 학교에 대한 귀속의식도 함께 높아졌다.

그중에서도 졸업식은 학교의 일원으로서의 의미를 아이들의 인생에 새겨 넣는 큰 역할을 했다. 아리모토 마키有本真紀의 지적에 따르면, 원래는 단순히 졸업시험 후 증서를 수여하던 것이 졸업증서

수여식(졸업식)으로서 "선고와 포상"의 장으로 변화했고, 나아가 점차로 마을의 축제의 장으로서의 의미를 가지게 되었다. 졸업식은 지역마다 다양한 형태로 거행되었는데, 1880년대 후반 이후에는 다양성이 급속히 사라지고, 오락과 계몽의 요소를 배제하면서 전국적으로 식순이 정형화되었으며, 20세기 전후에는 "소학교 생활의 집대성"으로 자리매김되었다. 그중에서 "부름"이라고 하는 행사에서는 졸업생과 재학생 집단이 서로 마주 보며 이별 인사를 하거나 일동의 목소리를 대변하는 대표를 정해 송사와 답사를 낭독하고 "슬픔"을 포함한 "좋은 감정"을 품을 수 있는 졸업식 노래 등을 하면서 졸업식을 연출한다. "감정교육"을 주요한 목적으로 하는 의식도 생겨났다. 그것은 같은 학교의 졸업생(동창생)이라는 새로운 아이덴티티를 부여하고, 재학생에게는 학교 공동체를 짊어지는 일원이라는 것을 재확인시키는 기회가 되기도 했다.

한편 운동회는 종래에는 인근의 학교와 공동으로 개최하는 "연합운동회"로 실시되었는데, 1880년대 후반 이후에는 집단행동훈련인 병식체조의 장려와 청일전쟁의 전의를 고양하는 방책으로서 각 소학교별로 실시하는 형태로 보급되었다고 여겨진다. 연합운동회 참가를 위해 회장까지 왕복하는 것이 소풍^{遠足}이었는데, 이것은 "교외교수"라는 형태로 커리큘럼에 편입되었다. 하지만 연합운동회도 하고 각 학교와 연합해 운동회를 거행하는 경우도 있었다. 운동회는 지역과 학교를 잇는 역할을 담당했다. 러일전쟁 후 지방개량운동으로 인해 각 촌락들이 자연촌에서 행정촌으로 이행하고 그에 수반되어 신사 통합이 이루어졌는데, 새로운 마을의 일체감을 어떻게 만들어내는가가 과제로 부각되었다. 소학교의 운동회는 그 역할을 보완하는 중요한 행사로 자리매김되었고, 지역 주민의 관심도 높아졌다. 농촌의 "우리 동네 학교"뿐만 아니라 도시의 학교도 지역의 일체감이 길러졌고, 그것이 크게 국가에 포섭되면서 학교가 정착되어갔다.

독자적인 커리큘럼

교육 내용을 총괄적으로 나타내는 용어로 "학과"와 "교과"가 있었는데, 소수의 예외를 제외하고 당초에는 소학교에서 대학까지 공통적으로 "학과"라는 용어를 사용했다. 그러다가 1890년의 소학교령 개정(제2차 소학교령)부터 소학교에서는 "교과"(오늘날의 국어, 산수 등의 교과와는 달리 소학교 과정[코스]의 뜻)로 표현하도록 했다. 이것은 교육과 학문을 분리하여 소학교가 교육의 장으로 자리매김되었다는 것을 의미한다. 그 후 소학교의 교육 내용은 독자적으로 편성되어 갔다.

소학교에서는 그 "교과" 아래에 "교과목"(오늘날의 교과)이 놓이고, 자연과학의 기초교육으로서 자연의 법칙에 관한 지식보다 자연에 대한 태도 형성을 중시한 "이과"가 1891년에 설치되었다. 또한 역사는 1890년에 "일본역사"가 되었다(1868년 메이지 초년에는 세계사가 교재로 선정되었지만, 1881년 소학교에서는 이미 역사 내용을 일본사로 한정하고 있다). 그리고 1926년에는 명칭이 "국사"로 개정되었다. 또 1900년

소학교령 개정(제3차 소학교령)에서는 "읽기", "쓰기", "작문綴り方"으로 구성된 "국어"과가 탄생했다.

더불어 이 개정에서는 "체조"가 필수과목이 되었고, 최소 330제곱미터(100평) 이상, 아동 일인당 평균 3.3제곱미터(1평) 이상의 면적을 기준으로 5년 이내에 체조장을 설치할 것이 요구되었다.

학교의 풍경

제3차 소학교령 이후 소학교에 반드시 부설해야 했던 체조장은 야구나 테니스 등의 스포츠가 소학교에까지 보급되면서 "운동장"이라고 칭하게 되었다. 이와 동시에 필수 설치는 아니지만 우천시에 대비해 옥내 체조장을 설치할 것이 규정되었다.

이처럼 소학교를 건축할 때는 교실을 중심으로 한 교사와 운동장이나 옥내 체조장을 한 조로 설치해야 했다. 교실의 넓이는 1880년대에는 6×10미터(20평)가 표준으로 정해졌다. 이것은 한 학급의 정원의 상한을 80명으로 정한 것을 기준으로, 다다미 한 장•에 두 사람을 최소한으로 정한 것이다(학급 정원은 1886년에는 80명이었는데, 1900년에는 70명이 되었고, 1941년의 "국민학교" 시기에는 60명이 되었다).

교실은 남쪽에 창, 북쪽에 복도가 있고, 앞쪽의 교단을 마주 보고 아이들의 좌석이 배치되었다. 교실은 공부뿐 아니라 놀거나 점심을 먹는 등 아이들이 교사와 함께 또는 아이들끼리 생활하는 장

• 표준적으로 다다미 한 장의 넓이는 약 1.62제곱미터이다.

이었다. 천장의 높이는 약 3미터였는데, 이것은 겨울에 장작 난로를 때는 것을 상정하여 일산화탄소 중독을 피하는 공기용량을 의학적으로 산정한 것이었다. 교사 내에는 특별교실인 재봉실이나 이과실 등도 설치되었다. 학교 교사의 배치는 교사가 다수의 아이들에게 일제히 교육 내용을 전달하고 훈련을 시키기 위한 효율성과 관리성을 고려한 환경의 정비라는 의미도 있었다. 이와 같이 표준화된 "편복도* 일자형"이라고 불리는 교사는 일본에서는 19세기 말부터 양산되었다.

유럽과 미국처럼 교과별로 교실을 옮겨 다니는 교과교실형 학교와는 달리, "일본의 학교"는 생활의 장으로서 교실을 배치하고, 지식의 습득에 머물지 않고 체육·덕육을 포함한 종합적인 인간 육성을 담당하는 장으로서 조직되었다. 책상을 붙여서 점심을 먹는 등 교실은 마을 생활의 연장이기도 했다. 편복도 일자형의 교사와 운동장, 옥내 체조장으로 구성된 "일본의 학교"의 풍경은 오랫동안 계승되었고, 그 기본형은 오늘날까지 이어지고 있다.

신체 관리·양호

아이들의 신체 관리·양호도 학교의 업무로서 적극적으로 자리매김되어갔다.

1899년부터 "신체검사"가 개시되었다. 그때까지는 "활력검사"로

---

* 방이나 문을 한쪽으로만 낸 복도

서 체격·체력의 측정이 이루어졌지만, 청일전쟁 후에 집단위생에 크게 주목하게 되고 1900년 "학생신체검사규정"이 생기면서 신체검사는 건강진단을 중심으로 하는 것으로 성격을 바꾸어 봄과 가을에 2회 실시되었다.

1898년에는 전국의 공립소학교에 한 명씩 학교의學校醫를 두는 것으로 정한 학교의제도가 실시되었고, 신체검사나 필요한 기기를 갖추어 진단에 임하기 위한 전용 방이 만들어졌다. 이 방은 1934년에 소학교령 시행 규칙 개정에 의해 "위생실"로 호명되었다.

한편 병·허약아 등에 대한 특별한 배려나 대처, 그리고 일반 학생들에 대한 위생상의 배려나 처우, 훈련, 지도 등의 요청이 급속도로 확산되어 학교의를 보조하는 "학교간호부"가 채용되었다. 학교에서 간호사를 고용하게 된 큰 요인은 청일·러일전쟁에 출정한 병사들로부터 트라코마가 퍼져 나가 아이들의 눈 씻기, 점액약 치료가 필요했기 때문이었다.

1920년대 후반부터 학교간호부의 숫자가 급증하면서 위생실에 상주하는 방안이 추진되었다.

그 후 1941년의 "국민학교령" 공포에 근거하여 학교간호부를 대체하여 양호훈도라는 직제가 성립되었다. "교수", "훈련", "양호"는 불가분의 것으로 여겨졌고 의식이나 행사도 교과와 일체가 되어 운영해야 했던 가운데, 유럽과 미국의 "간호사nurse"로서의 신분과 지위를 지닌 학교간호부가 아니라 "양호를 장악한" 교원으로서 양호훈도가 제도화되었던 것이다.

이처럼 20세기 전후에는 "일본의 학교"로서의 소학교가 그 모습을 갖추고 조정을 거쳐가면서 패전 후 학교의 기초가 되는 형태로 자리 잡아갔다.

3. "살아가는 현장"의 형성과 갈등

의무교육의 성립

의무교육이란 아이들이 학교에 가는 것을 보장하는 제도이다. "국민이 일정한 교육을 받을 것을 국가적으로 의무를 지운 제도"(히라하라 하루요시平原春好 · 데라사키 마사오寺崎昌男 편, 『교육소사전教育小事典』, 1982)로 명시되어 있는 의무교육은 일본에서 언제 성립한 것일까?

의무교육은 보호자에게 아이들을 학교에 보낼 의무를 부과한 것이라고 생각하기 쉽다. 하지만 애초에 학교가 없으면 취학할 수 없다. 그러한 의미에서 의무교육은 취학 의무와 학교 설치 의무가 전제된다. 1886년에 학교 종별로 소학교령, 중학교령, 사범학교령, 제국대학령이 있는 "학교령"(칙령)이 정해졌고, 소학교에는 보호자가 아이를 취학시킬 의무가 제시되었다. 그 후 1890년에 개정된 제2차 소학교령에서는 시정촌市町村을 설치 주체로 하는 학교 설치의 의무가 정해졌다.

그러나 아이들이 학교에 가는 것을 가로막는 실제 장벽은 아동노동이었다. 취학보장 의무의 요건이 갖추어지고 실질적인 취학이 보장된 것을 전제로 생각한다면, 의무교육은 1900년의 제3차 소학교령에 학령아동의 고용자에 대해 취학을 방해해서는 안 된다는 규정이 제시되었을 때 비로소 이루어졌다. 일본의 의무교육은 20세기 전야인 1900년에 그때까지는 3년제도 인정되던 것이 모두 4년제로 통일되고, 1907년에는 6년제로 연장되었다.

패전 전 국민의 3대 의무로서 납세와 병역과 함께 교육이 언급되는 경우도 있었지만 교육의 의무는 대일본제국헌법에는 규정되어 있지 않았다. 교육은 권리로 자리매김되지 않았기 때문에 권리와 짝이 되는 의무에 대해서도 정해져 있지 않았다고 생각된다. 교육의 의무는 초헌법적인 의무이고, 덴노天皇의 "인혜仁惠"에 의한 "은혜"로 자리매김되었던 것이다. 교육칙어는 그것을 체현한 것이고, 이러한 천황제의 틀에 기초하여 패전 전의 일본의 의무교육이 확립되었다.

근대국가가 창설되면서 전통을 창조하고 그에 기초한 근대 학교제도를 구축한 것은 일본뿐만이 아니다. 많은 나라들이 전통을 창조하는 것으로 근대의 국민을 형성해갔다.

학교의 수용

학교제도가 확립되었다고 해서 사람들이 학교를 받아들이는 것은 아니다. [그림 1-6]은 고등학교의 일본사 교과서에도 게재되어 있는 "문부성 연보"의 수치를 바탕으로 그린 도표이다. 상세한 데이터를 수집한 이 통계를 근거로 하면, 학제 발족 이후 약 30년 만에 일

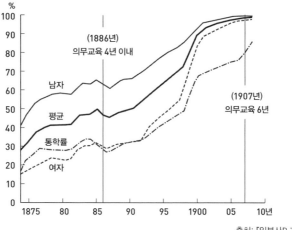

출처: 『일본사B 개정판』

본 사회가 (소)학교를 받아들였다고 볼 수 있다. 그러나 최근의 연구에서 연보를 비롯한 문부통계에서는 학령 아동의 숫자가 정확하게 파악되지 않았다고 밝혀졌다. 그리고 20세기에 들어와서도 여자를 중심으로 많은 학생이 졸업에까지 이르지 못하고 중퇴하는 현상이 지적되었다. 아이들이 학교에 가는 것이 당연하게 된 것은 시기가 조금 더 지나서였다.

소노카타 히지코土方苑子에 의하면, 입학자가 중퇴하지 않고 소학교를 졸업하게 된 것은 1930년대에 이르러서라고 한다. 더불어 이 시기에는 강제력 없이도 다음 학교(초등 후 교육기관)로 진학하는 취학 행동을 하게 되었다. 자진해서 학교를 받아들이게 된 1930년대에 이르러 사람들이 학교를 수용했다고 필자는 파악하고 있다.

교원문화의 형성

국가의 강제력만으로는 아이들을 학교에 계속 다니게 할 수 없었다. 아이들이 매일매일 학교에 가도록 하기 위해 학교를 "국가의 조영물"이라는 낯선 존재가 아닌 아이들이 친숙하게 여길 수 있는 장으로 만드는 궁리가 교사에게 요구되었다. 이것은 교사가 자신의 직장을 계속 유지할 수 있는 방법이기도 했다. 이를 위해 교직이라는 전문직에 있는 교사가 만들어낸 문화를 "교원문화"라고 부르고자 한다. 교사가 국가의 관리로서 직무를 집행하는 데 머물지 않고, 아이들(또는 그 가족)과 독자적인 관계를 맺어가는 궁리의 문화이다.

교원문화의 형성 배경에는 [그림 1-6]에서 볼 수 있듯이 20세기에 즈음하여 취학률이 크게 향상되고 다양한 아이들이 학교에 다니게 되었다는 사실이 있다.

『사범학교 개정 소학교수방법』 등의 교수서에 제시되어 있는 것과 같은 교사로서의 행동이나 교수법 등을 본보기로 삼는 것만으로는 대응할 수 없는 상황 속에서, 적극적으로 아이들과의 관계를 만들어가는 것이 요구되었다.

가나가와의 어느 농촌 촌락의 농가 출신 교사가 쓴 일기에서도 그것을 미루어 짐작할 수 있다. 이 교사는 자신의 학급 안에 핵심적인 아이들 집단을 만들어 그것을 축으로 학급을 경영했다. 핵심이 된 아이들은 자발적으로 교사의 생각을 읽고 행동할 수 있는 "우수한" 아이들이고, 그 아이들을 매개로 하여 "흠모하다 – 존경받는다"는 교사와 아이들 관계를 조직해 학급에서 일어나는 곤란

할 일들을 해결해가려고 했다. 교사가 아이들을 헌신적으로 대하고 무한한 사랑을 베풂으로써 아이들의 신뢰를 얻는 "비호와 복종"이라고도 할 수 있는 교육관계가 당시에 성립되었던 것이다. 이에 대해서는 1920년대에 일본에 있던 포르투갈인 모라에스Wenceslau de Morais의 증언에서도 알 수 있다(『일본정신日本精神』).

교사와 아이들의 관계 만들기는 "교육칙어"에 제시된 규범을 일방적으로 강요하는 데만 그치지 않고, 학교에서 교육이 성립되기 위해 교사 자신이 선택한 것이기도 했다. 1920년대에 광범위하게 나타났다고 여겨지는 이른바 "학급왕국"이라 불리는 상황에 대해, 사토 마나부佐藤学는 아이들의 "자유"를 중시하는 자유주의 교육이 공립학교에 보급되었다고 말했다. 이는 일본의 교원문화를 체현하는 학급문화를 형성하려는 시도가 이 무렵에는 광범위하게 존재했다는 것을 짐작하게 해준다.

"일본의 학교"의 기초 형성

앞서 말한 바와 같이, 19세기 말까지 소학교 교사가 지知의 전달자에서 "덕육=인격"의 육성자로 전개되자 필연적으로 교사의 자질로서 인간성을 묻게 되었다. 동시에 "천황의 적자赤子"인 아이들에 헌신할 것을 중요하게 생각했고, 그에 따라 "몸을 바치는" 것이 미덕으로 여겨졌다. 이러한 천황제와 연결된 "무한정한 공헌"에 대한 요청은 전시戰時에 보다 더 강조되어 드러났다. 교사의 순직이 미담으로 강렬하게 부각되는 등 교사가 교육(국가)에 봉사하는 것에 찬

사를 바치고 헌신성을 고무했다. 전시라는 특수한 시공간 안에서, 여태까지 요구되었던 교사상이 집약적으로 제시되었다고 해도 좋을 것이다.

때때로 국가의 교육의 틀과 대립하기도 하는 교육실천 중에서도 이른바 이러한 헌신의 문화가 자생적으로 생겨났다. 1930년대에 각지에서 성행했던 "생활작문"은 아이들에게 자신들의 생활에서 제재를 찾아내 생활용어를 사용해서 쓰게 했고, 교사는 그것을 지도했다. 그 과정에서 아이들이 생활의 현실과 자기 자신을 깊이 파악할 수 있도록 했다. 이 방법은 일본의 교사가 만들어낸 독특한 교육실천이자 연구 방법이었다. 그 담당자였던 작문교사들이 행한 생활작문운동은 헌신의 문화를 체현하는 것이었다. 작문교사 집단의 하나인 북방교육운동의 담당자였던 교사는 다음과 같이 말했다. "오로지 아이들을 위해, 아이들 그 자체만을 위해, 힘든 길인 줄 알면서도 작은 노력을 계속한다. 이것이야말로 내가 할 수 있는 자기실현일지도 모르겠다"(『편지로 쓴 북방교육의 역사手紙で綴る北方教育の歴史』). 이 안에서도 "일본의 학교"를 지탱하는 심지(심성)의 기초가 형성된 것을 볼 수 있다.

그리하여 당초에는 국가로부터 부여받은 공간으로 도입된 학교는 교사와 아이들이 생활하는 장으로 새롭게 만들어졌다.

그러한 의미에서 교실은 국가의 방침이 직선적으로 관철되는 장(국가의 제도에 의해 "살려지는 장")도 아니고, 또한 거꾸로 교사나 아이들의 주장이 그대로 통하는 장(스스로 "살아가는 장")도 아니다. 그

독특한 조정과 대항싸움 아래에서 교사와 아이들의 이른바 "살고, 살려지고, 살아갈 수 있는 장"으로서 형성되었던 것이다.

학교 간 진학률의 증가

학교는 사회에 정착하면서 제도로서의 학교의 의미를 바꾸어간다.

그것은 학교 간의 연결성(학교에서 학교로의 진학)을 강화하는 과정이기도 했다. 패전 전의 학교제도에서는 의무교육을 마친 후에 성별, 종별로 분류된 중학교, 고등학교, 실업학교 등의 중등학교가 존재했지만, 중등학교에 진학하는 것은 경제력과 학력을 보유한 사람에 한정되었다. 한편 초등교육의 연속선상에 있었던 고등소학교나 실업보습학교와 같은 초등 후 교육기관으로의 진학자는 확실히 증가하여, 1930년대에는 "의무교육을 마치고 나서도 학교에 다니는 것"이 일반적이 되었다. 고등소학교나 실업보습학교와 같은 정통의 중등학교와는 다른 경로도 포함하여 의무교육 후의 진로가 되는 학교는 1920년대에는 "중등교육"과 "청년교육"이라는 범주로 정리되었다.

1930년대가 되자 도시에서 일자리를 갖기 위해서는 고등소학교 졸업이 하나의 요건이 되었다. 그때까지는 학력에 따른 지위배분적인 기능은 중등학교 이상이 담당하고 있었던 것에 반해, 1930년대에는 의무제의 소학교 단계까지 그 기능이 내려갔다. 이에 따라 적극적으로 학교를 이용하고 있던 중간층뿐만 아니라 일반 사람들에게도 학력이 문제가 되었고, 사회 전체에 진학열이 확산되어갔다.

도쿄에서는 3분의 1 이상이 중등학교에 진학하게 되었다.

고도성장기 이전의 전경

도쿄에서는 1930년대에 유명 진학교가 생겨났다. 중등학교 진학을 둘러싼 소학교 간의 격차가 존재했고, 구를 넘어 진학 거점 학교로 가는 월경 입학도 시작되었다. 반대로 진학교를 피하는 역월경도 생겨났다.

지방에서도 유사한 진학 상황이 생겨났고, 큰 지방도시가 없던 야마구치현에서도 "시험지옥과 같은 말도 생겨나 본 현과 같이 그다지 입학난이 없던 곳도 도쿄나 오사카 등의 대도시처럼 지옥으로 빠져들었다"(학사행정 당국[1940년])는 등 입시는 전국적으로 큰 사회문제가 되었다.

아동문집 등에서는 입시에 대한 긴장감을 기술한 글이나, 진학하지 않는 아이가 입시를 위한 "학력"에 저항해 "실력"을 키워 세상에 나가고 싶다고 말하는 글이나 통신문도 많이 볼 수 있었다. 상대적으로 독자적인 장이라고 여겨졌던 소학교가 상급학교로 이어지는 학교체계에 포섭되어감으로써 아이들의 내면에도 영향을 미쳤다는 것을 짐작할 수 있다.

또한 경제적인 이유로 중등학교에 진학할 수 없는 소년이 "오수五修"제도(심상소학교 5학년에서 중등학교로 진학할 수 있었다.)를 이용하여 중학교에 합격해두고 고등소학교로 진학하는 예도 있었다. 이러한 것들은 진학 질서에 분개한 아이가 자기 정체성을 지키려는 심정에

서 한 행동이었다고도 볼 수 있다. 진학을 전제로 한 학교제도의 질
서가 아이들에게 강하게 내면화되었음을 엿볼 수 있다.

학교는 "입시에 의한 선발"에 대응할 것을 요구받았고, 그 결과
초등학교는 사회통합적인 역할을 담당하고 중등학교 이상은 지위
배분적인 역할을 담당하는 일본 학교제도의 형성 원리가 이미 이
시기에 동요하기 시작했다.

이러한 동향은 제도의 운용 방식에도 영향을 미쳤다. 학적부는
아이들의 학적을 기록함과 동시에 학교에서의 평가를 최종적으로
기록하는 중요한 기록부였는데, 1938년에 대대적인 학적부의 개
혁이 실시되었다. 교사의 주관이 들어가기 쉬운 여태까지의 "갑",
"을", "병", "정"의 절대평가를 대체하여, 대외적인 성적 증명도 의
식한 10점법의 평가 항목을 내건 상대평가가 도입되었다. 이것은
상급학교나 사회와의 관계를 의식한 개혁이었다. 그러나 전시였던
1941년에 소학교를 대체하여 설립되었던 "국민학교"에서는 "우優",
"양良", "가可"의 평가를 도입하여, "양"을 표준으로 한 신민(황민) 형
성을 위한 절대평가로 바뀌었다.

패전 후인 1960년대에는 의무교육을 둘러싼 문제에서 지위배분
적인 기능이 강화되는 중학교의 교육이 큰 문제가 되었는데, 이미
1930년대에 소학교에서 일어났던 동향이 그 저류가 되었다.

전시의 학교 개혁과 초등학교

만주사변 후 일본 사회는 전시에 들어가는데, 교육의 본격적인 전

시체제화는 중일전쟁의 확대를 계기로 한 1937년 이후에 일어났다. 그 교육개혁의 기본 구상에 큰 역할을 한 것은 내각 직속의 "교육심의회"(1937~1942)이다. 교육의 전시체제화를 추진하는 데 있어서 그때까지의 학제상의 근간과 관련된 과제에 대응할 필요가 있었던 것이다. 소학교의 8년제로의 연한 연장, 교육 방법의 재검토, 복선화되었던 중등학교의 일원화, 남자 청년학교의 의무화 등이 논의되었는데, 답신이나 건의를 받아 시행되었던 것 가운데 가장 큰 영향력을 지녔던 것이 "국민학교"의 창설이었다([그림 1-7]).

1941년 4월부터 1947년 3월까지 소학교를 대체하여 국민학교가 설치되었고, "황국민의 기초적 연성"을 목적으로 하는 기관으로서 아시아·태평양전쟁 시 교육의 전시체제의 요체를 담당하게 되었다.

국민학교에서는 철저한 군국교육이 실시됨과 동시에, 그때까지의 일본 근대 학교가 "실천적이고 유용한 인간을 만들어내지 못했다"고 하여 "심신일체의 훈련", "지행합일" 등을 슬로건으로 황국민의 "연성"이 이루어졌다. 국어, 산술 등으로 분립되어 있던 교과목은 국민과, 이수과 등의 "교과"로 묶였고, 그 아래에 "국어", "이과" 등의 "과목"이 설치되었다. "교수"는 "훈련"이나 "양호"와 함께 이루어졌다. 또한 교사와 학생의 일방적인 상하관계를 비판하며 스승과 제자가 함께 가는 방향을 제시했다. "수업"이라는 말 또한 이 시기에 일반적으로 쓰이게 되었다.

이는 분단되어 요소별로 나누어진 문화재를 교사가 학생에게 전달한다는 근대 학교의 원형이 비판을 받은 것이라 할 수 있다. 여기

[그림 1-7] 1944년의 학교 체계

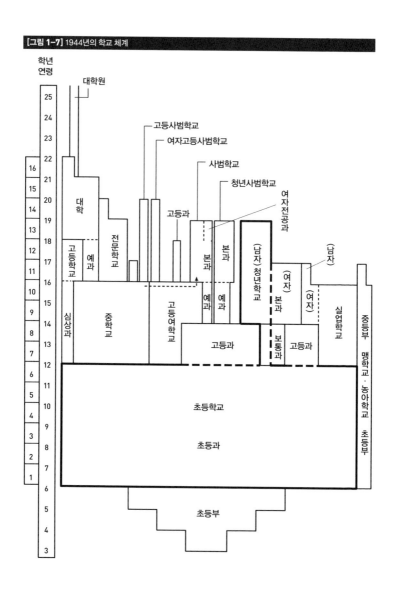

출처: 『학제백년사学制百年史(자료편)』

에는 분석만으로는 살아 있는 힘을 키울 수 없다는 인식이 존재했다. 근대 학교가 인간 육성의 측면에서 불충분하고 억압적이라는 인식은 1920~1930년대의 나라奈良고등사범학교 부속 소학교의 연구·실천 등에서 이미 제시되었고, 여기에서 주장된 합과合科 학습이 국민학교에 도입되었다.

이와 같이 전시교육은 오랫동안 쌓여온 근대교육의 극복이 과제 중 하나였다. 하지만 전시의 일상 속에서 이러한 기본적인 인간 육성의 문제는 심화되지 않았고, 실제로는 신체적인 훈육이 거리낌 없이 이루어졌다.

전시에는 현안이 되었던 학제 개혁이 실질적으로 실현되는 일이 거의 없었다. 예를 들면, 교육의 기회 균등이라는 측면에서 중등교육의 일원화가 1943년의 "중등학교령"에서 제도화되지만, 실질적으로는 예전 제도 그대로 존속했고 "중등교육"과 "청년교육"의 일원화는 심의의 틀 밖에 있었다. 하지만 중학교와 고등여학교는 야간 과정이 인정을 받았고, 이미 존재하던 실업학교의 정시제도 포함하여 패전 후 신제 고교의 정시제 과정의 전신이 되었다.

신학제의 출발

패전 후부터
고도성장 이전까지

이 장에서는 패전 후 신학제의 출발부터 고도성장기 이전의 1950년대 중반까지를 패전 후 제1기로 파악하고, 새로운 제도하에서의 일본의 학교에 대해 살펴본다. 이 시기에는 패전 후의 반성을 비롯해 일본국헌법 및 교육기본법의 이념과 그에 근거한 새로운 제도에 의해 패전 후 사회에서의 학교의 틀이 새롭게 구축되었다.

패전과 뒤이은 혼란 속에서 이른바 "전후 일본"이 출발했다. 따라서 이상을 내걸고 새로운 일본을 만들어가는 것의 사회적인 의미가 사람들에게 공유되어 있던 시대였다고도 할 수 있다. 그렇지만 현실의 학교는 빈곤과 패전 전부터 이어져온 동질적인 공동체 사회의 제약 안에 놓여 있었다. 여기에서는 학교를 둘러싼 이념·제도와 사람들의 생활 사이에 발생했던 갈등에 주목하고자 한다.

1. 전후 학교의 틀

1945년 8월 14일, 일본은 포츠담선언을 수락하고 무조건 항복했다. 일본의 학교는 패전을 거쳐 초토화가 된 가운데 패전 후를 맞이했는데, 일찍이 8월 28일에 문부성으로부터 학교 수업 재개의 통달을 받았다. 학교 현장에서는 전화戰火로 인한 교사 등의 소실 피해로 교실 확보가 원활하지 않았고, 2부제나 3부제, 그중에는 옥외의 노천수업 등으로 대처하는 곳도 있었다. 교사 부족도 심각했다. 아이들의 생활은 무너졌고, 식량난으로 인한 결식, 부랑아동 문제 등 학교는 여러 가지로 심각한 상황에 맞닥뜨렸다.

그 와중에 "전후교육개혁"은 교육의 이념을 패전 전의 "국가를 위한 교육"에서 민주주의 국가의 기초가 될 수 있도록 개인의 "권리로서의 교육"으로 전환했다.

교육기본법과 6-3-3제

미국을 중심으로 하는 연합국의 간접통치하에서 1946년 11월, 평화주의, 국민주권, 기본적 인권의 존중을 기본 원칙으로 한 "일본국헌법"이 공포되었다. 이 헌법의 이념과 목적을 실현하는 데 필요한 교육의 역할을 제시한 것이 이듬해 시행된 "교육기본법"이다.

교육기본법은 법률로서는 이례적으로 "전문前文"이 있었고, "헌법의 부속법"적 성격을 지닌 법률이라 여겨졌다. 또한 패전 전의 국가주의와 전쟁에 대한 반성을 반영하여, 국가권력을 구속하는 규범성을 짙게 보여주었다. 패전 전의 교육칙어를 지주로 하여 국가에 대한 충성을 강요하는 교육은 헌법에 근거한 개인의 권리로 치환되었고, 이 교육기본법 아래에서 패전 후 교육의 틀이 만들어졌다. 즉 "인격의 완성"을 목적으로 하고, "진리와 정의"를 사랑하고, "개인의 가치"를 존중하며, "근로와 책임"을 중시하고, "자주적 정신이 충만한 심신"을 가진 "평화적인 국가 및 사회의 구성원"의 육성이 명문화되었다. 패전 전과 같이 "부당하게 국가의 지배를 받지 않는다"는 반성에 입각해 자율적인 주체로 아이들을 성장시키고자 하는 자유주의적 사회관이 뒷받침되었고, 개인으로서의 인격적 성장을 전제로 한 주권재민을 실질적으로 이루고자 했다.

교육기본법에 근거하여 패전 후 학교제도의 법적 정비가 추진되었는데, 그 중핵을 담당한 것이 각급 학교를 포괄하는 법률인 "학교교육법"이다.

6-3-3제란 이 학교교육법에 의해 법제화된 단선형 학교 체계이다. 소학교와 전기의 중등교육인 중학교까지를 의무교육으로 하고 고교까지를 사정범위에 넣은 것으로 모든 사람에게 열린 체계이다. 원하면 대학까지도 포함한다는 점에서 6-3-3-4제라고 하는 경우도 있다.

패전 전에는 한정된 사람만이 중등학교에 진학할 수 있었고, 여성에게는 진학 조건이 더욱 한정적이었다. 패전 전 "복선형"의 폐쇄된 제도에 대한 반성에 기초하여, 교육을 "남녀평등" 및 "능력에 따라 동등하게 교육을 받을 수 있는 교육의 기회균등"이라는 권리 체계로 자리매김한 것이 이 제도였다.

6-3-3제의 성립 경위

6-3-3제는 점령기 정책의 영향을 받아 제도화된 것이라는 점은 더 말할 필요도 없지만, 점령군이 "일방적으로 밀어붙인" 제도라는 점은 정확한 사실이라고 말할 수 없다.

1946년 3월 31일에 패전 후 교육개혁의 청사진이라 일컬어지는 "제1차 미국교육사절단보고서"가 제출되었고, 거기에 6-3-3제가 제시되었다. 그러나 그 직전 3월 17일의 초안 단계에서는 패전 후 학교제도의 기획안으로 6-3-3제가 아니라 6-5제가 제시되었고, 일주일 사이에 6-3-3제로 변경되었다고 생각된다.

일본 정부는 미국교육사절단의 방일에 앞서서 이것을 교섭해볼 수 있도록, 1946년 1월에 도쿄제국대학 총장을 역임했던 난바라 시게루南原繁를 위원장으로 하여 "일본측 교육가위원회"를 조직했다. 이 위원회가 패전 후의 학교제도로 구상한 것은 6년제의 "소학교", 3년제의 "초급중학교 또는 중학교", 3년제의 "상급중학교 또는 고교"였다. 이 내용을 난바라를 비롯한 위원회가 사절단에게 적극적으로 호소함으로써, 6-3-3제 구상을 사절단 보고서에 담을 수 있었다고 짐작된다.

6-3-3제의 아이디어는 1920년대에 이미 논의의 대상이 된 적이 있다. 그중에서도 도쿄제국대학의 아베 시게타카阿部重孝의 『교육개혁론教育改革論』(1937) 등에서의 주장은 패전 후 개혁으로 직접 이어졌다. 이 책에는 교육을 받을 기회의 평등을 보장하기 위해서 단선형 교육제도의 도입이 필요하다고 말하고 있다. 아베가 문부 관계의 심의회 위원 등을 역임했고 문부 행정과와 깊은 관계를 가지고 있었던 점을 생각할 때, 그 영향력이 매우 컸을 것이라 생각된다. 또한 전시에 교육의 틀을 구축하고자 했던 "교육심의회"에서는 중등교육을 일부의 특권으로 하는 것을 부정하고 초등교육부터의 단계적 연속성을 강조하는 흐름이 형성되어 있었다.

이와 같이 6-3-3제는 학교제도 개혁의 실현성과 안정성이라는 점에서 일본 측 안을 바탕으로 채택되었다고 여겨진다. 패전 전의 국민학교 고등과와 청년학교를 활용하여 3년제의 신제 중학교가 만들어졌지만, 산바 미츠히코三羽光彦가 지적하는 것처럼 6-5제의 경우 하나의 학교 안에 3년의 의무교육과 3년의 비의무교육이 혼재하게 되므로 제도 운용상의 문제로 6-3제를 채택한 것이라 여겨진다. 그러한 의미에서 전술한 6-5제와 6-3제는 교육의 기회균등이라는 이념에서는 공통적이었다. 패전 후 학교제도 개혁의 본질은 단선형의 학교제도를 확립하여 성별, 사회 계층, 지역을 불문하고 교육을 받을 기회를 보장하는 제도를 도입했다는 점이다. 6-3-3제 발족 시의 체계는 [그림 2-1]에 제시되어 있다(단기대학은 1949년에 잠정적인 제도로 발족되었다).

새로운 학제의 구축

1947년 학교교육법의 시행과 함께 전시체제하에서 소학교를 배제하고 창설된 국민학교는 다시 소학교로 되돌아갔다. 의무제의 신제 중학교가 창설되고 새로운 학제가 출발하면서 "일본의 신학기"로도 일컬어졌다. 1948년에는 신제 고등학교(고교)가, 그리고 그 이듬해인 1949년 5월에는 신제 국립대학도 발족했다. 1953년도에는 대학이 신제 중학교-고교를 거친 최초의 입학생을 맞았고, 패전 후의 교육제도가 실질적으로 이어졌다. 1학년부터 신제 중학교에서 배운 사람이 처음으로 고교에 입학한 1950년 3월 시점에, 고교 진학률은 전체가 42.5퍼센트, 여자는 36.1퍼센트였다.

신제 고교는 소학구제, 총합제, 남녀공학이라는, 후에 고교 3원칙

[그림 2-1] 1949년의 학교 체계

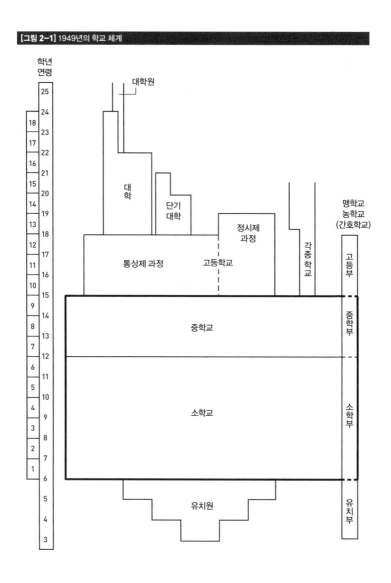

출처: 『학제백년사(자료편)』

(공립고교 통폐합 3원칙)이라 여겨진 개혁 원칙을 바탕으로 하고 있었다. 즉, 하나의 통학구에 한 개의 고교를 설치하고, 통학구 내의 희망자를 모두 입학시키는 소학구제, 단일 학교 내에 다양한 학과나 코스 등을 개설하여 진학과 취직 모두에 대응할 수 있는 총합제, 그리고 남녀공학이다. 하지만 남녀공학은 점령군의 지방군부별로 대응의 차이가 있었고, 특히 관동지방 이북에서는 실현할 수 없었던 곳이 많았다.

신제 대학은 교육, 연구, 입학자격 등의 수준이 다른 관립 고등교육기관을 통합·재편했다. 점령 체제라는 제약과 힘든 재정 조건 속에서 대학 간의 격차가 여전히 남아 있었지만 신속하게 신제도로 이행했다.

한편 같은 패전국인 서독은 미국 교육사절단으로부터 일본과 동일하게 단선형 학교 시스템 도입을 권고받았지만, 이것을 채택하지 않고 바이마르 체제로의 회귀(복고)라는 흐름 안에서 패전 후 교육개혁을 실시했으며, 나치 이데올로기를 부정하는 재교육이 철저하게 시행되었다. 그러나 교육의 기회균등을 지향한 단선형 학교 체계의 도입에 대해서는 영국, 프랑스가 동의하지 않았고, 서독 내에서의 저항 등으로 관철되지 않았다.

일조교—条校와 각종 학교

이처럼 학교교육법은 일본의 학교를 일원적으로 규정했다. 제1조에서 학교를 소학교, 중학교, 고교, 대학, 맹학교, 농학교, 양호학교 및 유치원으로 정의했다. 이 학교들은 학교교육법의 제1조에 규정된 학교라는 의미에서 "일조교"라고 불린다(소학교, 중학교는 의무제).

일조교에도 다양한 형태가 있는데, 그중에서도 취로에 대응하기 위해 고교에는 정시제나 통신제를 두는 등 복수의 커리큘럼을 개설했다. 고교의 정시제로 취학하는 사람은 1950년대에는 고교생 전체의 20퍼센트가 넘었다. 그리고 일조교에는 포함되지 않지만, "학교 교육에 비견되는 교육"을 하는 소정의 요건을 갖춘 교육시설로서 각종 학교를 규정하고 있다.

신제 중학교의 창설

전기 중등교육으로 의무화된 신제 중학교의 발족은 패전 후 일본의 교육제도를 상징하는 것이었다. 중학교는 소학교에서 이어지는 유일한 학교로서, 교육기본법의 이념하에서 모든 국민에게 공통으로 단일한 "중등보통교육"을 실시하는 기관으로 등장했다. 중등교육의 기회를 평등하게 보장하는 것을 목적으로 한 6-3-3제의 근간을 담당하는 학교이고, 졸업 후 진학하는 사람이나 직장으로 취업하는 사람에게도 대응하는 이른바 총합제 중등학교의 성격을 지니고 있었다.

하지만 그 설립 과정에는 어려움이 많았다. 전쟁 재해와 패전의 혼란에도 불구하고 독립된 교사校舎의 확보가 엄격하게 요구되었기 때문에, 수령이 수백 년 된 신목神木을 잘라 건축자재로 사용하거나 자금을 조달할 수 없어서 교장이 자살하는 등 피와 눈물의 역사를 아로새기면서 중학교는 사회에 정착되어갔다. 그 배경에는 패전 전에 이미 소학교를 졸업한 사람들이 고등소학교나 초등 후 교육기관으로 상당수 진학한 점이나, 패전 전의 복선형 청년기 교육에 대한 일원화 요구가 있었다는 점을 들 수 있다.

시야를 넓혀 1940년대 세계의 학교제도의 동향을 보면, 중등학교 수준을 풀타임으로 의무화한 것은 미국 외에는 없었다. 그러한 의미에서 신제 중학교의 의무교육화가 결정된 것은 세계적으로 큰 실험이라 할 수 있고, 패전 후 일본 학교의 앞날을 내다볼 수 있는 것으로 주목받았다.

신제 고교의 출발

패전 후의 신제 고교는 의무교육 후의 유일한 진학교로 자리매김했다. 신제 고교는 "고등보통교육 및 전문교육"을 목적으로 했고, 전일제 과정에서는 3년, 정시제 및 통신제 과정에서는 3년 이상의 수업 연한을 가진 교육기관으로 출발했다. 성별이나 종별로 복선적으로 조직·편성되었던 패전 전의 중등학교제도를 "총합제"의 이념을 바탕으로 재편성한 것이었다. 전술한 바와 같이 "총합제"의 이념은 "소학구제", "남녀공학"과 함께 "고교 3원칙"으로서 패전 후 고교의 제도이념을 상징하는 것으로 여겨진다. 이 3원칙은 후술하는 고교 전인운동 등 이후의 교육운동에서 지향해야 할 기준으로 강하게 자리 잡았다.

총합제에 기초한 고교는 대폭적인 교과 선택제나 혼합 교실(믹

스 홈룸mix homeroom)• 등 과정의 울타리를 넘는 프로그램이 실시된 곳도 있지만, 많은 경우 실태는 재정난으로 인한 통폐합을 겪었다. 이에 따라 잡다하게 모인 통일성 없는 집단이 되었고, 하나의 고교에 복수의 과정이 병설되었다. 남녀공학도 전술한 바와 같이 지역차가 있었고, 북관동지방이나 동북지방에서는 실시율이 낮았으며, 남녀별학의 고교로 출발한 곳도 많았다. 소학구제는 관동의 많은 도와 현, 미야기, 나가노, 오사카 등을 제외하고 도입되었는데, 1950년대 중반 이후에는 현을 다시 몇 개의 대학구로 재편하는 동향이 나타났다.

정시제定時制 과정의 설치

6-3-3제가 정착하는 중요한 기반을 마련하기 위해, 중학교 수료 후 "계속적으로 학교 교육을 받고자 하는 사람을 전원 수용"하는 고교를 확보하고자 했다(1947년 3월, 문부성『신학교제도 실시 준비 안내新学校制度実施準備の案内』). 그러나 고교의 신설은 지방자치체의 재원이 부족하여 용이하지 않았다. 보다 많은 입학 희망자를 받아들이기 위한 타협책으로 정시제 과정의 설치가 인정되었다. 1948년의 정시제 과정 발족 당시 고교 재적자 중에서 정시제 재적자가 차지하는 비율은 14퍼센트 정도였고, 10년 동안 20퍼센트 정도를 유지했다.

하지만 고교 진학률이 상승하면서 전일제 과정이 보급되어 정시

• 남녀와 학과가 섞여 있는 교실을 가리킨다. 사회에 나가 두루 어울리는 인물이 될 수 있도록 학과나 남녀를 넘어 많은 사람들과의 접촉을 가지는 것을 목적으로 한다.

제 과정의 비율은 1953년의 22.8퍼센트를 정점으로 줄어들었다. 가타오카 에미片岡栄美의 정리에 따르면, 전국적으로 전개된 정시제 과정은 확대기(1948~1953), 유지기(1953~1965), 쇠퇴기(1965~)로 파악되고, 농촌부와 도시부에서 그 추이에 차이가 있다. 농촌부에서는 농한기에 한정된 주간 정시제가 주를 이루었기 때문에, 고도성장기에는 급속하게 학생 수가 감소했다. 도시부에서는 공장에 근무하는 청소년을 대상으로 한 야간과정이 주를 이루었기 때문에, 오히려 고도성장기에 학교 수나 학생 수가 증가한 지역이 많았다.

1962년에 공개된 영화《큐폴라가 있는 마을》은 큐폴라cupola(용선로)의 굴뚝이 늘어선 주물 거리, 사이타마현 가와구치시를 무대로 한 청춘영화이다. 가난한 주물 장인의 장녀 준이 고교에서 학습하며 새로운 생활을 개척하고 싶다고 전일제 고교를 지원하지만, 가난 때문에 고뇌하면서 결국 정시제를 선택하는 모습은 당시의 고교 진학 상황을 잘 그려내고 있다. 학교와는 인연이 없던 장인들이 아이들의 진학을 통해 "학교를 전제로 하는 사회"에 포섭되어가는 양상을 확인할 수 있다. 그 가교 역할을 한 것이 정시제 고교였다.

야간중학교의 출현과 복지교원
새로운 제도의 출발을 불안정하게 한 것은 6-3제의 상징으로 여겨졌던 신제 중학교의 대상자이면서 생계를 유지하기 위해 일하지 않을 수 없는 수많은 아이들의 존재였다. 최근 아사노 신이치浅野慎一나 에구치 사토시江口怜 등의 연구를 바탕으로 그러한 아이들의 실태를 살펴보기로 한다.

장기결석생원호회의 조사에 따르면, 1947년도 입학자부터 1955년도 졸업자까지의 누계에서 졸업 시와 입학 시의 인원 차이로 나타나는 중학교의 "탈락자" 수는 49만 5,151명이다. 비취학·장기결석 학생에게 의무교육이 보장되지 않는 이러한 상황에 대해 취학 기회를 열어주고자 공립중학교에 야간학급이나 분교장을 설치하는 움직임이 일어났다.

신제 중학교 개설 후 반년이 지나자 오사카 시립 이쿠노生野제2중학교에 야간수업이 개설되었다. 이와 같은 학교는 일반적으로는 "야간중학"이라고 불렸는데, 문부성은 "야간에 수업을 하는 학급을 가진 중학교", "중학교 야간학급" 등이라고 칭하며 "야간중학(교)"이라는 표기 자체를 오랫동안 사용하지 않았다. 문부성의 입장에서는 중학교만이 정규 학교이고 야간중학은 제도상 존재하지 않는 것이었다. 그러나 현실적으로 일을 할 수밖에 없고 주간에 중학교에 갈 수 없는 아이들에게 대응하기를 요구하는 목소리에 야간중학을 묵인하기로 했다.

1949년의 고베 시립 고마가바야시駒ヶ林중학교를 시작으로 공립야간중학이 긴키지방*을 중심으로 서일본에 확산되었고, 이어서 전국 각지에서 잇달아 만들어져 1954년에는 87개교에 이르렀다.

비취학·장기결석 학생의 취학 대책으로 야간중학 이외에도 각

---

* 교토와 오사카를 중심으로 하는 2부 5현(교토부, 오사카부, 미에, 시가, 효고, 나라, 와카야마)의 지역

자치체 수준에서 실시하는 복지교육 제도가 있다. 하지만 복지교원(방문교사)은 어디까지나 학생을 주간의 통상 학급에 복귀시키는 것을 목적으로 했는데, 학용품 보조 등은 있었지만 주간에 일하는 아이들을 취학으로 돌리는 것은 매우 어려웠으리라 추측된다. 그렇지만 야간중학보다 복지교원이 예산 면에서나 기존의 학교 체계와 마찰이 적다는 점에서 볼 때 도입하기 쉬웠으리라 생각된다. 하치오지시에서는 우선 방문교사를 배치하고, 발견된 장기결석생의 취학 실현을 위해 야간중학을 개설했다.

유사한 것으로는 아마가사키시의 보도원補導員 제도가 있다. 보도원으로 퇴직 교장들이 방문교사의 역할을 했고, 야간중학과 연계했다. 이처럼 새로운 제도 아래에서 취학을 뒷받침해주는 여러 가지 형태가 존재했다.

장애아 학교

또한 패전 전에는 의무교육 대상에서 제외되었던 장애아에 대해 동등하게 교육을 받을 권리가 보장되었다. 구 법제하에서는 일반 학교와는 별도의 칙령으로 제도화되었던 맹·농학교나, 하위규칙이나 성령省令으로 인정받는 데 불과했던 양호학교나 특수학급이 학교교육법에 의해 법제화되었다.

아울러 구 법령에서 의무적으로 설치해야 했던 맹·농학교에 더해 임의 설치였던 양호학교도 도도부현이 설치 의무를 갖는다고 정했다. 질병 등으로 학교에 다닐 수 없는 아이들을 위해 병원 내 학급이나 파견교원제도가 설치되었다. 하지만 학령기(6세부터 15세) 중 "병약", "발육 불완전", "기타 어쩔 수 없는 사유"로 인해 취학이 곤란하다고 인정되는 아이들의 보호자에 대해서는 취학의무 유예·면제 규정이 존치되었고, 취학의무제는 연기되었다.

취학 유예, 또는 면제로 입학하지 않은 아이들은 재택이나 의료기관 및 복지시설 등이 수용기관 역할을 했다. 장애를 가진 아이들에 대해서는 교육(학교교육법)과 복지(아동복지법) 모두에 걸친 법제 시스템으로 대응하기로 했다. 이 이원적 법제에 의한 대응은 취학 전의 유치원과 보육소에서도 볼 수 있다.

보호자에 대한 취학의무화는 맹·농학교의 경우 1948년부터 학년별로 진행하여 1956년에 완성되었다. 취학의무 유예·면제 규정에 의해 연기되었던 양호학교는 1979년이 되어서야 의무화되었다. 이에 따라 모든 아이들의 완전 취학이 요구되었고, 교육기본법이 실질적으로 시행됨에 따라 완전 취학이 이루어졌다.

양호학교 의무화는 장애를 가진 아이들이 발달보장 기회를 획득한 것으로 평가(발달보장론)되었는데, 한편으로 양호학교는 장애가 있는 아이를 지역의 학교나 아이들로부터 분리하여 배제한다는 비판(공생교육론)으로 대립하게 되었다. 이 논의는 오늘날까지 계속해서 이루어지고 있다.

조선학교를 둘러싸고

학교교육법 아래에서 "학교"가 제도화되었지만, 그 틀 외의 학교, 예를 들어 자유학원의 고등부와 같이 커리큘럼에 속박되지 않는 자유로운 학교나 조선학교와 같이 법규에서 제외된 학교도 존재했다.

패전 후, 재일조선인으로서 식민지 지배에서 벗어난 후에도 한반도로 돌아가지 못하거나 돌아가지 않은 사람들의 아이들을 대상으로 한국어 습득을 목적으로 하는 국어강습소가 개설되었다. 국어강습소는 1946년 무렵에 학생 수가 6만 명이었고 독자적인 교재를 사용했는데, 재일조선인연맹(약칭 조련) 사무소, 현지의 소학교 교사, 민가 등을 빌려 전국 각지에 대략 500개교가 생겨났다. 그 후 조선민족으로서의 정체성 형성과 취학 요구를 강하게 의식한 "조선학교"로 개조되었다.

1952년까지 재일조선인은 일본 국적을 가지고 있었고, 일본 국민인 이상 소·중학교에 취학할 의무가 있다고 하여 조선학교는 폐지 대상이었다. 그에 대해 조선어로 시행하는 민족교육의 필요로 조선학교 존속 운동이 조직화되었다. 그중에서도 1948년의 이른바 "한신阪神교육투쟁"에서는 문부성에 의한 학교 폐쇄명령에 강하게 저항하는 재일조선인의 운동이 격화하던 와중에 패전 후 유일한 비상사태가 발령되었다. 그 후 1949년 학교폐쇄령으로 조선학교의 강제 폐쇄가 실시되었다.

1952년 4월에 샌프란시스코 강화조약이 발효됨으로써 재일조선인은 일본 국적을 상실하게 되었고, 재일조선인의 교육권을 보장하는 의미에서 조선학교를 "각종 학교"로 인정하라고 요구하는 각종학교 인가취득운동이 전개되었다. 그에 대한 일본 정부의 재일조선인 교육 인식을 보여준 것이 아래의 문부성 사무차관 통달通達이다.

> 조선인으로서의 민족성 또는 국민성을 함양하는 것을 목적으로 하
> 는 조선인학교는 우리 사회(일본)에서 각종 학교의 지위를 갖는 적극
> 적 의무를 보유한 것으로는 인정할 수 없다(1965년 12월 28일, 문부성
> 사무차관 통달).

그러나 실제로 각종 학교는 공립은 도도부현의 교육위원회가 인가
하고, 사립의 경우에는 도도부현 지사가 인가하도록 되어 있었다.
1950년대 중반부터 조선학교는 서서히 각종 학교의 인가를 취득하
여, 전술한 1965년의 통달 후에 오히려 인가취득운동이 고양되었다.
1968년 4월에 조선대학교가 각종 학교로 인가를 받았고, 1975년까
지 모든 조선학교가 법인 인가를 취득하여 각종 학교로 인가를 받
았다.

교육쇄신위원회(1946년 내각총리대신 직속으로 설치)가 교육기본법
의 제국의회 제출안으로 GHQ/SCAP(연합국 최고사령관 총사령부)에
제시한 영문 교육기본법안에서 교육의 대상을 "the people"로 명시
했는데, 일본어 문안에서는 "국민"으로 국적 보유자에 한정한 것이
문제가 되기도 했다. 그 결과, 교육기본법에서 교육의 자주성이나
민족교육이 지닌 "가치"가 교육의 "공공성"과 양립되지 않는 것으
로 되어 배제되는 일도 있었다.

"전후" 교육의 전개 안에서

주민을 끌어들인 처참한 지상전 이후, 직접적인 군사점령으로 시작된 오키나와의 "전후"는 일본 사회의 "전후"가 하나가 아니었다는 것을 상징적으로 보여준다. 1952년 일본은 독립을 되찾지만, 아마미는 1953년, 오키나와는 1972년까지 미 군정하에 놓여 있었다.

그동안 "오키나와 교육기본법"은 분할 통치하의 미야코(1948), 야에야마(1949), 아마미(1949) 각각의 민정정부 시대에 정해졌다. 그리고 오키나와 본도에서는 군도群島 정부시대인 1951년에 교육기본조례가 제정되었다.

교육기본법이 학교교육법이나 교육위원회법, 사회교육법 등과 함께 성립(민입법)되는 것은 1958년이다. 미 군정하에서는 교육법규의 정비가 매우 곤란했던 만큼 오키나와에서 교육기본법은 "저항정신"의 상징으로 큰 의미를 가졌다.

일교조(일본교직원조합)와 민간교육연구단체

1947년에는 일본교직원조합(일교조)이 창설되었다. 일교조는 1950년대에 "제자를 다시 전장에 보내지 말라."를 슬로건으로 내걸고 문부성과 격렬하게 대립했고, 문부성 대 일교조라는 구도를 만들어냈다. 이 구도는 보수 합동에 의한 자유민주당(자민당)의 결성과 좌우 사회당의 통일이라는 정치의 "55년 체제", 즉 동서 냉전 구조의 일본적 형태를 배경으로 하고 있다.

일교조는 후에 다루게 될 임명제 교육위원회에서 근무평정이나 그것과 궤를 같이하는 특설도덕 도입을 저지하기 위해 "비상사태 선언"을 발표하고 총력을 기울여 활동했다. 그 후에도 전국 학력 테스트, 주임제, 국기·국가 도입 등에 대한 반대 운동, 교과서 재편의 지원이나 커리큘럼의 자주적 편성 등을 전개했다.

일교조와 문부성의 대립 동향과 깊이 관련되어 민간의 교육연구 단체가 잇달아 발족했다. 그 단체들이 만들어낸 교육실천의 성과가 일본의 학교에 끼친 영향도 적지 않다.

패전 직후인 1946년에는 "민주주의교육연구회"(1948년에 "일본민주주의교육협회"로 해소)가 결성되었고, 1948년에는 "역사교육자협의회"(역교협)나 "코어 커리큘럼 연맹"이, 1950년에는 "일본철방綴方회"(이듬해에 일본작문회로 해소)가 조직되었다. 1950년대에 들어서면, 대일 점령정책의 전환이나 일교조의 교육연구집회 개최에 호응하듯이 "교육과학연구회"가 재건(교과연, 1952)되었고, 이어서 "수학교육협의회"(수교협, 1953), "과학교육연구협의회"(과교협, 1954) 등 학교의 각 교과의 내용을 자주적으로 연구하는 조직이 탄생했고, 커리큘럼의 자주적 편성운동이 확산되어갔다.

그중에서도 도야마 히라쿠遠山啓를 중심으로 하는 수교협은 "양의 지도체계"를 바탕으로 한 수학교육체계의 재편을 독자적으로 추진했다. "수도水道 방식의 계산지도체계"라고 불리는 이 체계는 현장교사의 지지를 얻어 후에 교과서에도 게재되었다.

2. 교육행정과 커리큘럼

민주화와 종적인 행정 계열

패전 전까지 학교의 통제(거버넌스)는 일괄적으로 국가의 관리하에 놓여 있었는데, 패전 후 개혁에서는 "교육은 부당한 지배에 복종하지 않고, 국민 전체에 대해 직접 책임을 지고 이루어져야 한다"(1947년 교육기본법 제10조)고 했다. 그것을 실현하기 위해 교육행정개혁의 원칙으로 지방분권, 민주화, 일반행정으로부터의 분리·독립이 이루어졌다.

교육행정의 민주화란 관료통제에 의하지 않고 교육위원의 공선제를 매개로 하여 지역 주민의 의사를 반영한 교육행정을 실현하는 것이었다. 교육위원회는 모든 도도부현과 시정촌에 설치되었고, 7인(도도부현) 또는 5인(시정촌)의 위원으로 구성된 수장으로부터 독립된 행정위원회로 여겨졌다. 교육위원회의 공선제는 패전 후 교육행정을 상징하는 것이고, 교육에 관한 의사결정은 국가가 아니라 국민이 담당하는 것이라 여겨졌다.

하지만 오기와라 요시오荻原克男의 연구에 따르면, 패전 전에는 내무성의 지사를 중심축으로 하는 중앙 통제가 이루어졌다면, 패전 후에는 중앙의 각성마다 개별적이고 종적인 행정 계열 시스템이 구축되었다. 특히 문부 행정은 문부성을 정점으로 하여 지방교육위원회 사무국에 이르는 보다 일관된 종적인 행정 계열을 제도화했다.

교육위원의 선거는 "교육의 정치적 중립성이 지켜지지 않는다"

고 여겨져 대도시, 정령지정도시에서는 2회 실시 후에 폐지되었고 다른 곳은 한 번 만에 폐지되었다. 1956년에는 수장에 의한 임명제로 이행되었다. 교육행정직을 공선제에서 임명제로 이행한 것은 실질적으로는 문부성을 정점으로 한 각 지방교육위원회 사무국에 이르는 종적인 행정 계열을 강고하게 했고, 중앙 통제와 규격화를 추진하는 것이기도 했다.

학습지도요령에 기초한 커리큘럼

패전 후 학교가 출발할 때 가장 큰 문제점은 "무엇을 가르칠까"가 정해져 있지 않았다는 점이다. 1946년 6월에는 문부성으로부터 새로운 교육지침이 제시되었고, 교사로 하여금 "자유롭게 생각하고 비판하면서 스스로 신교육의 목표를 찾아낼 것"이 기대되었다. 그러나 학교 현장에서는 크게 당혹했고, 실제로 그때까지 검은 칠이 된 교과서를 사용하기도 했다.

학교에서 가장 중요한 것이 아이들에게 "무엇을 가르칠까"라는 것이고, 그 원리나 체계를 나타내는 것이 커리큘럼이다. 신학제에서 커리큘럼의 제도적인 틀(교육과정)은 미국의 각 주별 커리큘럼이라고도 할 수 있는 "course of study" 등을 참고하여, 1947년에 문부성이 소·중·고교 각각 일반편과 교과편으로 분책된 "학습지도요령(시안)"이라는 형태로 제시했다. 그 서문에서 패전 전의 커리큘럼(교수요목^{敎授要目})과의 차이를 다음과 같이 설명하고 있다.

지금 우리 나라의 교육은 여태까지와는 다른 방향으로 나아가고 있다. [...] 가장 중요하다고 생각되는 것은 여태까지 이것저것 위로부터 정해져 내려왔던 것을 그대로 실행하는 획일적인 경향이 있었는데, 이제는 오히려 아래로부터 올라오는 모두의 힘으로 여러 가지 만들어갈 수 있게 되었다는 것이다(1947년 문부성 "학습지도요령 일반편 [시안]" 서론).

"학습지도요령(시안)"은 아이들을 직접 교육하는 교사가 아이들의 현상에 대응하는 커리큘럼을 만들기 위해 "교사 자신이 스스로 연구한 안내서"라고 여겨졌다. 이에 따라 각지에서 학교마다의 재량권을 강화한 자주적인 과정이 편성되었다. "학습지도요령"에 "시안"이라는 말이 붙은 것은 그것을 단적으로 보여준다.

출발 시점의 "학습지도요령"은 아이들의 경험을 중심에 두는 경험주의에 뿌리를 두고 있었다. 교육은 그 경험을 연속적으로 개조해가는 과정으로 파악되었다. 지역 사회에서 겪은 아이들의 경험을 학교에서 재구성하여 심화함으로써, 아이들을 지역 사회의 문제에 대응할 수 있는 시민으로 양성하고자 했다.

패전 후 교육의 꽃이라고 여겨지며 그 중심이 된 것이 "사회과"다. 신설된 총합교과인 사회과는 "사회생활에 대한 양식과 성격을 기르는" 것을 목적으로 하고, 여태까지의 교과서 중심의 지식 전달과는 달리 아이들이 현실 생활의 문제에 대처할 수 있도록 하는 과목으로, 1947년 9월에 발족했다.

"학습지도요령"은 1958년 이후 거의 10년에 한 번씩 개정되었다. 후술하는 바와 같이 1958년부터는 "시안"이라는 문구가 삭제되었다. 그 결과, 커리큘럼은 학교 현장의 재량이 크게 제약되는 형태로 편성되어갔다.

특별교육활동의 중시

신학제하의 커리큘럼은 교과교육과 함께 교과외 활동을 학교 교육의 영역 안에 명확하게 위치시켰다. 교과외 활동에서 아이들의 자주적·자치적 집단활동은 민주주의 사회의 시민으로서 꼭 필요한 "공민으로서의 자질"을 고양하고 "민주주의 생활"을 배우기 위해 빼놓을 수 없는 것으로 여겨졌다.

1947년 판 "학습지도요령"에서 커리큘럼(교육과정)은 "교과과정"이라는 명칭으로 제시되었고, "교과" 및 "자유연구"로 편성되었다. "자유연구"는 교과 학습을 개별적으로 발전시키는 것으로 "클럽활동"이나 자치적·집단적 활동을 포함했다.

1951년의 "학습지도요령"에서는 중학교·고교에서의 "특별교육활동"(소학교는 "교과 이외의 활동")이 "정규 학교활동"으로 자리매김되었다. 히다노 다다시肥田野直에 따르면 특별교육활동이란 GHQ/SCAP 참모부의 부국 중 하나인 민간정보교육국(CI&E)의 담당관이 시사한 Special Curricular Activities를 번역한 것이다. 종래의 교과외 활동을 의미하는 Extra-curricular Activities라는 관용구와 구별하여, 정규 커리큘럼의 교육활동이라는 것을 보여주려고 고

[그림 2-2] 교육과정 "영역"의 변천

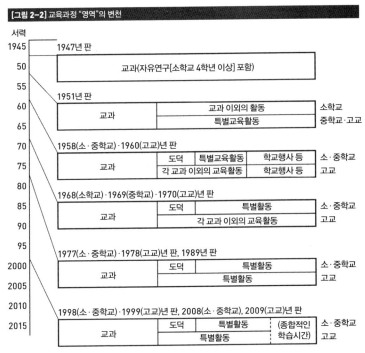

출처: "학습지도요령"

안했다고 생각된다.

특별교육활동 중 주요한 것은 "홈룸"이나 "학생회", "클럽활동", "학생집회"이다. 교사의 지도는 "최저한도에 머물고", "학생들 스스로 계획하고, 조직하고, 실행하고, 평가되어야 한다"며, 이러한 활동으로 민주적인 생활양식을 익힐 수 있도록 했다([그림 2-2]).

하지만 특별교육활동이 영역 개념으로 커리큘럼 안에 자리 잡게 됨으로써, 패전 후 교육의 틀 안에서 이것을 어떻게 위치 지울 것인가라는 정합성의 과제도 함께 껴안게 되었다. 출발 시점의 학습지도요령이 의거했던 경험주의적 교육이라는 방식으로 파악한다면, 교과는 "다방면에 걸친 학습경험으로 조직한" 것이라 여겨졌고, 기능적으로는 특별교육활동의 내용을 포함하는 것이었다.

이러한 과제를 가지고 있으면서도, 교과 이외의 범주로서의 특별교육활동은 학교의 커리큘럼 안에서 빼놓을 수 없는 것으로 자리 잡았다. 특별교육활동은 1951년 판 학습지도요령 이후 전체 시간은 삭감되었지만, 1958년 판에는 새로운 영역으로 교육행사와 특설도덕이 도입되었고, 1968년부터는 학교행사가 특별교육활동에 편입되어 "특별활동"이라고 새롭게 명명되어 현재에 이르고 있다.

지도요록의 도입

전술한 "학습지도요령"과 조합하여 교육의 목표-평가의 제도적인 틀로 도입된 것이 "지도요록"이었다.

패전 전 아이들의 학습 평가는 학적부에서 이루어졌다. 학적부는 학교에서의 아이들의 호적이었고, 그 평가는 교사의 주관을 짙게 반영했다.

패전 후에는 아이들의 학습 상황을 파악하고 교육지도에 도움을 줄 수 있는 평가(교육평가)의 원부로 "지도요록"이 도입되었다. 1948년의 "지도요록"에서는 자기목적화한 교육 측정을 비판하는 미국의 "평가evaluation" 이념을 배경으로 학교 교육 안에 교육평가가 명확하게 자리 잡게 되었다. 거기에서 "지도요록"은 지도를 위한 기록의 중시, 분석적 평가, 누가累加 기록, 객관성의 유지, 완결성 있는 요약 기록 등의 성격을 가지고 있다고 명시되었고, "지도상 필요한 원부"로 자리 잡았다.

"지도요록"은 상대평가와 아이들의 개별적 성장·발달을 기록하는 개인 내 평가를 독자적으로 접합한 것이었다. 제3장에서 살펴보겠지만, 고도성장기를 맞이하면서 1950년 중반 이후의 개정에서는 "지도의 원부"에 더하여 "외부에 대한 증명"이라는 기능도 함께 가지게 되었고, 그 후에는 더 나아가 특히 중등교육에서는 전자의 기능에서 후자의 기능으로 중점을 옮겨 갔다.

3. 전후 초기의 학교의 동향과 형세

학교 커리큘럼의 개혁

패전 후 신학제가 출발하던 시점의 커리큘럼은 일본 학교나 교사의 역사에서 이례라고도 할 수 있을 정도로 "자유"롭게 편성되었다. 매일의 교육실천에 대한 결정권한은 거의 전면적으로 각각의 지역과 학교의 자치에 위임되었다. 이러한 자유가 주어지자 많은 학교나 교사는 무엇을 어떻게 하면 좋을지 알 수 없는 상황에 맞닥뜨렸다.

한편, 패전 전의 신교육 또는 향토교육 등의 경험이 있는 일군의 학교나 교사는 자신의 경험을 바탕으로 활발한 제안이나 시행을 할 수 있는 기회가 생겼다. 개별 학교, 지역, 교육연구단체 등에 의해 다양한 커리큘럼을 자주적으로 편성하려는 시도가 학교마다 광범위하게 이루어졌다. 그 개혁의 실제 숫자는 500건을 넘었다고 한다.

　그 중심을 이룬 것 중 하나가 학교명을 붙인 각지의 커리큘럼 개혁과 코어 커리큘럼 연맹에 가입한 학교들이 주도한 커리큘럼 개조 운동이었다. "아카시 플랜明石プラン"(효고현 아카시사범학교 여자부 부속소학교)나 "호조 플랜北条プラン"(지바현 다테야마시 호조소학교)와 같이 사회과를 커리큘럼에서 코어(중핵)에 두고자 하는 입장과, "요시키 플랜吉城プラン"(나라사범학교 여자부 부속소학교)과 같이 교과외 활동을 코어로 하고자 하는 입장 등이 병존했다. 이러한 실천들은 단기간에 교육 방법과 기술을 향상, 쇄신시켰다. 그러나 실제 아이들의 생활과 결부된 실천까지는 발전하지 않았기 때문에 1950년대 초에는 볼 수 없게 되었다.

지역교육계획

한편 지역 내 각 계층의 협력을 얻어 실태조사를 통해 지역교육계획을 책정하고, 그 "계획"의 중요한 기둥의 하나로서 커리큘럼 개혁을 실시하는 움직임도 있었다. 대표적으로 사이타마현 가와구치시의 "가와구치 플랜"은 1946년 9월에 조직되어 시내의 국민학교(발족 시) 전 교원이 참가하여 개시되었다. 가와구치라는 지역을 하나의 "생활구성체"로 간주하고, 시내의 "생산", "소비", "교통통신" 등의 현실적 문제를 학습제재로 삼는다는 이른바 "사회기능법"이 사용되었다. 그에 의해 커리큘럼의 영역scope이 설정되고, 아이들의 흥

미나 이해력의 발달 단계를 고려하여 구체적인 학습 단원이 만들어졌으며, 학교를 지역 사회의 중심에 놓는 지역사회학교community school를 만들고자 했다.

그 후 이 사회기능법은 정적이고 현상 유지만 하려고 한다는 비판을 받게 되었지만, 학교나 교사가 교육 내용 편성의 주체로서 자리 잡고 지역의 생활현실이나 아이들의 흥미·관심이 교육 내용 편성의 기축에 자리 잡은 것은 그때까지의 일본 학교의 역사에서 중요한 의미를 지닌다.

또한 히로시마현 혼고초의 "혼고 플랜本郷プラン"은 지역 사회의 민주화와 그에 기초한 지역주민의 민주적 재조직화에 의한 지역조사였다. "교육을 구체적인 사회생활의 현실 안에서 편성"하기 위해 "일상의 무의식적, 관습적인 생활양식"을 과학적인 근거를 통해 의식화할 필요가 있다고 했고, 그를 위해 소비생활과 독서 조사, 그리고 PH측정기 등을 사용한 토질 조사가 실시되었다. 그 조사 활동의 주체로서 지역주민이 조직되었고, 산업, 정치, 교육, 문화, 위생, 가정 등의 부회로 나누어져 조사 활동이 실시되었다. 여기에서 이루어진 지역생활의 개선 방책에 대한 검토 작업이 학교 커리큘럼 내용의 기초를 만들었고, 그것이 "주민의 생활개선"을 위한 "지역주민들의 자주적 조직"의 형성으로 이어졌다.

"혼고 플랜"은 단기간이기는 했지만 패전 후 개혁기에 교육에 의한 민주주의의 실현과 균형 있는 사회 개조를 도모했다. 그러나 이러한 활동은 후에 이 커리큘럼 개조운동의 견인자였던 오타 다카시大田堯 자신이 "'민주적'이라고 일컬어지는 교육의 구상을 지역에 강제했다"고 하여, "민중 자신이 진정으로 가지고 있는 절실한 문제"에는 미치지 못했다고 반성하고 사회조사와는 다른 "생활작문"이라는 방법으로 다시 접근하게 된다.

야마비코학교

생활작문은 아이들의 생활이 어떤 상황에 있는가를 파악하고 그 과제를 해결하는 것이 교육 업무의 기반이라고 생각한 일본의 교사들이 고안한 교육실천이었다. 생활작문은 전시 중에 국가의 탄압을 받다가, 패전 후 1948~1949년에 전국 각지에서 다시 실천하고자 노력하는 교사들이 나타났고, 1950년에는 조직적인 운동이 전개되어 부활하게 되었다. 그 부활을 선명하게 보여준 것이 무차쿠 세이쿄無着成恭의 『야마비코학교山びこ学校』이다.

『야마비코학교』는 야마가타현의 산간지인 야마모토무라山元村(현재는 가미노야마시上山市)의 중학교 교사였던 무차쿠가 1951년에 간행한 저서명이다. 학급문집 『기칸샤きかんしゃ』에 실렸던, 야마모토중학교 무차쿠의 반 1학년 제자 43명의 생활기록을 담고 있다. 학생 한 사람 한 사람의 구체적인 생활상의 문제를 교사와 학생이 함께 학급 전체의 문제로 파악하여 해결책을 찾아가는 모습이 교육기본법을 체현하는 패전 후 일본의 민주주의 교육의 원점으로 큰 반향을 불러일으켰다.

야마비코학교의 학생 에구치 고이치江口江一의 경우는 그 상징적인 예이다. 에구치는 가난한 가정의 소년으로, 아버지를 여의고 어린 누이를 남기고 어머니마저 돌아가셨다. 에구치는 어머니나 자신이 지내온 여태까지의 생활을 돌아보면서 글을 썼고, 그 글을 읽으며 자신의 생활을 어느 정도 거리를 두고 비판하고 새로운 자아를 만들 수 있었다. 그 후 학급에서 논의가 이루어졌고, 한 사람당 보조할 수 있는 구체적인 농작물의 양이나 금액 등을 객관적으로 파악하여 에구치의 생활을 뒷받침하는 활동이 조직되었다.

야마비코학교는 좋은 사회란 무엇인가, 좋은 생활이란 무엇인가를 스스로 생각하고 만들어가는 것의 중요함을 보여준 실천이었다.

그러나 무차쿠의 제자들이 마을을 떠나자 "따져볼 정신도 없을 정도로 가혹한 상황"이 기다리고 있었다. 사노 신이치佐野眞一의 조사에 따르면 야마비코학교의 졸업자는 남자 21명, 여자 22명으로 모두 43명이었는데, 그 가운데 남자는 고교에 진학한 사람이 네 명이었고 그중 두 명이 대학까지 진학했다. 여자들 가운데 상급학교로 진학한 사람은 없었다. 29명이 야마가타현에 머물렀고, 11명이 남지 않고 수도권으로 떠나갔다(『먼 훗날 야마비코遠い「山びこ」』).

사노는 민주주의 교육을 받고 "자본주의 사회의 모순에 눈을 뜬" 아이들이 수도권으로 나가자 "아이러니하게도 가장 금욕적인 형태로 자본주의 사회를 지탱하는 초석이 되었다"고 말한다. 패전 전부터 상의하달의 집권적인 가치관을 유지하며 집단에 동조적인 삶을 살던 도시의 중간집단에 아이들마저 포섭된 것이다.

일(직업)과의 연결

신학제에서 직업 사회로의 이행은 학교의 중요한 과제가 되었다. 앞서 말한 바와 같이 그때까지는 촌락 사회에서 생활하면서 자연스럽게 차세대 형성이 이루어졌지만, 그와 달리 근대 학교는 생활(사회)로부터 아이들을 떼어놓고 사회에서 생활해갈 수 있는 역량을 양성하는 시스템이다. 학교가 사회에 정착해감에 따라 아이들을 사회로 돌려보내는 것, 특히 사회로 나가는 "출구"의 문제가 중요한 과제가 되었다.

신학제의 골격을 입안·심의했던 교육쇄신위원회는 중학교에서는 "필요한 정도의 기술교육"을 실시한다고 했다. 1949년 패전 후 첫번째 "학습지도요령"은 중학교의 교육목표로서 직업생활(경제생활)에 대한 이해를 도모하고, 직업생활을 영위하는 데 필요한 지식, 기능 등의 교육을 중시했다. 신설된 필수과목인 "직업과"는 그 중핵을 담당하는 과목으로 간주되었다. 중학교의 직업과는 "농업·상업·공업·수산업·가정"의 다섯 과목과 "직업지도"로 구성되었고, 다섯 과목 중에서 한 과목 이상을 선택 이수할 것이 요구되었다.

"직업지도"의 제도화에 주도적인 역할을 하고 그 보급에 강한 영향력을 발휘한 것이 "일본직업지도협회"였다. "직업지도"는 미국의 직업지도 이념에 기초하여 지능검사나 직업적성검사 등을 통한 자기 이해, 각종 일을 실제로 경험하여 자신의 적성을 발견한다는 계발적 경험, 직종의 정보 공여, 지도자의 상담 등의 내용으로 이루어졌다. 이런 것들을 통해 특정한 진로로 이끄는 방식을 취했는데, 여기에는 아이들의 적성은 타고나며 직업 적성을 객관적으로 측정할 수 있다는 생각이 바탕이 되었다. 이에 대해 "직업과"는 기존 사회 관념에서 벗어나지 못한 지도라며 당초부터 현장 교사들의 비판을 받았다.

살아 있는 "직업과"

"직업과"는 중학교부터 직업세계로 나가는 출구를 담당할 목적으로 설치되었는데, 당시 사회 실태를 살펴보면 1948년 3월 졸업생들의 고교 진학률은 37.9퍼센트(남자 41.0퍼센트, 여자 34.3퍼센트)였고, 취직자는 35.8퍼센트(남자 34.2퍼센트, 여자 37.6퍼센트), 그중에서 공공 직업안정소를 통한 취직자는 남자 25.7퍼센트, 여자 34.2퍼센트였다. "기타·불명"은 26.3퍼센트(남자 24.8퍼센트, 여자 28.0퍼센트)였는데, 그중 다수가 연고 취직이나 졸업 후 한동안 가사종사자·무업자가 되어 일할 곳만 있으면 일한다는 사람이었다. 새로운 제도가 발족한 초창기에 중학교를 나와 취직하는 경우, 다수가 지연이나 혈연 네트워크를 통해 직업 소개를 받았다고 할 수 있다. 그런 의미에서 학교와 사람들의 생업은 거리를 두고 존재했다.

이러한 상황에서 "직업과"는 어떻게 운용되었을까? 이바라키현 오아라이大洗 근교 어촌에 있는 이소하마磯浜중학교에서는 교사가 중간 규모의 수산가공 공장을 찾아가 학교에 나오지 않고 일을 하고 있는 학생들의 모습을 참관했다는 기록이 있다. 절차상 어떻게 처리를 했는지 확실히 알 수는 없지만, 학교 측의 논리에서는 이러한 청년 노동을 계발적 경험을 통한 직업 경험의 하나로 해석했다고 생각된다. 어촌의 중학교 취학률은 제1장에서 본 바와 같이 다른 계층에 비해 가장 낮았다. 이 예로 볼 때, 젊은 노동력이 필요한 어업, 수산가공업과 한편으로 취학률을 높이려는 중학교, 그리고 "직업과"의 실제적인 내용을 만드는 일이 과제가 되었던 실상에서는 "직업과"를 바탕으로 직장노동이 이루어졌을 가능성이 높다.

당시의 신제 중학교에서는 학교(교과)의 논리와 생활의 논리를 연계할 방안을 궁리할 것이 요구되었고, 이러한 예는 이외에도 무수히 있었다고 생각된다. 학교나 교사는 새로운 제도와 그에 익숙하지 않은 아이들의 생활을 타협해가면서 중학교의 유지와 정착을 도모해야 했음을 알 수 있다.

제3장

"학교화 사회"의 성립과 전개

경제성장 시기의 학교

1950년대 후반부터 1980년대에 걸친 패전 후 제2기는 경제발전과 함께 아이들이 사회로 나가기 위해서는 학교의 존재가 불가결해지는 학교화 사회가 성립된 시기이다. 즉, 취학은 취업의 전제조건이라 여겨졌고, 직장-가정-학교가 연결되어 하나의 시스템이 만들어졌다. 그 시스템 내의 중요한 요소로서 학교가 자리매김한 것이다.

학교를 경유하는 취직 경로가 자리 잡자 사람들은 전일제 보통고교로 진학하는 것을 주요 경로로 선택했다. 결과적으로 이런 상황은 수험체제를 만들어냈고, 수험체제가 유지되는 데 중요한 역할을 했다. 이것은 양적으로는 취학 증가를 이룬 것으로 볼 수도 있지만, 질적으로는 전 계층에 "경쟁의 교육"을 만연하게 하는 폐해를 낳았다. 이에 따라 취학이 확대되고 포화 상태까지 이르자 학교 부적응 등 새로운 과제가 생겨났다.

1. 고도성장과 학교

경제발전을 담당할 인재의 양성기관

경제성장이 시작되는 1950년대 후반 이후 정부는 잇달아 경제계획을 책정했다. 1956년의 "경제백서"에 표명했던 "이제 더는 전후가 아니다."라는 표어는 고도의 산업입국으로 가는 호령이 되었고, 1950년대 후반부터는 산업·경제계로부터 교육에 대한 요구가 강력하게 표출되었다. 1960년의 "국민소득배증계획"에서는 "경제정책의 일환으로서 인적 능력의 향상"이 강조되었고, 교육은 경제발전을 떠받치는 노동력의 양성, 인재개발의 수단으로 명확하게 자리매김했다.

1963년의 경제심의회 인적 능력 부회 답신 "경제발전에서 인적 능력 개발의 과제와 대책"은 그 골격을 보여준다. 이 답신은 교육지출을 인적자본에 대한 투자로 여기는 "교육투자론"에 힘입어 능력주의에 기초하여 사회와 학교제도를 재편할 필요성을 제기했다.

능력주의는 출계나 속성이 아니라 능력이나 업적을 사회적인 가치로 삼는 원리인데, 일본의 교육에서는 경쟁적 질서에 따른 학력에 의한 서열화라는 의미로 이 말이 사용되어왔다. 아무튼 이 시기에 교육은 양질의 노동력 양성을 중심으로 하는 경제정책의 하나였고, 학교는 매년 커지는 노동력 수요에 대응하기 위한 강력한 "노동력 공급기구"로서의 역할이 기대되었다.

대기업을 중심으로 노동력 확보를 위한 신규 대량 채용이라는 절박한 과제에 대처하기 위해, 급여체계는 직무에 따라 지불되는 직무급이 아니라 각자의 직무수행 능력에 따라 지불되는 직능급으로 설정되었고, 종신고용, 연공서열을 중시하는 이른바 "일본적 고용"이 채택되었다. 인원을 채용할 때는 직무에 대응하는 구체적인 지식이나 기술을 평가하기보다는 직무수행의 기초가 되는 일반적인 능력이나 인내력 등 장래의 "훈련 가능성"을 중점으로 보았다.

이는 구도미 요시유키久冨善之가 『경쟁교육競爭の敎育』에서 말한 것처럼 경쟁을 받아들이는 분위기를 만들었고, 능력을 증명하기 위

해서는 학교에서 습득한 지식의 내용보다 보통교과 중심의 학력 편차치偏差値로 대표되는 일원적인 척도에 따라 입시경쟁을 거쳐 우수한 대학에 입학해야 했다. 이러한 능력은 곧 기술혁신 등 기업 내외에서의 경쟁에 대응할 수 있는 "일반적 추상 능력"이나 인내력으로 여겨졌고, 후에 스도 도시아키須藤敏昭가 논한 "일본형 고학력高學力"으로 이어졌다.

전통적인 공업과나 대학의 이과계 학부 연구실에서는 전문성을 고려해 채용하는 경우도 있었지만, 전체적으로 보면 고교 단계에서는 보통과, 대학에서는 "일류" 대학에서 인재를 채용하게 되었다. 그리하여 보통과, 공업과, 상업과, 농업과 등의 순으로 과정 간의 서열이 생겨났고, 보통과 안에서도 학교 간의 격차가 확대되어갔다.

학교 시스템의 균질화

1950년대 후반에는 교육 내용의 기준 설정이나 교육환경의 표준화·균질화가 추진되었고, 커리큘럼의 틀도 크게 전환되었다.

1958년 소·중학교(1960년에는 고교)의 "학습지도요령" 개정에서는 제시 형식이 여태까지의 "시안"에서 문부성의 "고시"가 되었고, 법적 구속력을 지니는 국가적 기준으로 전환되었다. 이것이 의미하는 바는 크다. 즉, 여태까지 각 학교에 위임되어 있던 교육 내용에 일률적인 기준이 적용되었고, 전국 어디에나 동일 수준의 학습 내용이 부과되었다.

또한 교육환경 면에서도 전국적으로 동일한 수준을 보장하기 위해 학교의 환경 정비가 이루어졌다. 한 학급당 학생 수에 따라 교직원 정수를 산출하는 것으로 정한 이른바 "의무교육표준법"을 중핵으로 교원 배치나 시설 정비 등의 조건 정비가 추진되었다.

가리야 다케히코菊谷剛彦는 아이들의 인원이 아니라 학급이라는 단위로 교직원의 정수를 정한 표준법에 나타나 있듯이, 미국의 "per head"(학생 1인당 교육비)처럼 개인을 단위로 자원 배분을 하는 것이 아니라 학급이나 지역이라는 집단적·공간적인 집합을 단위로 하는 방식이 채택되었던 점에 주목하여, 이러한 방식을 "면의 평등"이라 하며 그것을 일본의 독자성이라 보고 있다. 그리고 이 시스템을 도입한 배경으로 패전 전부터 일본에는 학급제도가 정착되어 있었다고 했고, 기능적으로 운용되는 미국의 학급 집단과 비교하여 일본에서는 학급이라는 집단 단위가 교육활동과 밀접하게 결부되어 있다는 점에 주목한다.

도시와 농산어촌

경제발전을 향해 나아가던 일본의 사회변동의 흐름 안에서 실제의 학교는 어떠한 상황에 놓여 있었을까? 그것을 짐작하는 실마리로 1960년에 NHK가 방영한 도시와 산촌의 학교와 아이들의 생활기록이 있다. 수험경쟁이 치열한 도쿄와 산촌 아이들의 일상을 그린 《산중 분교의 기록山の分校の記錄》이다. 이 기록을 보면 고도성장 전까지는 도시와 산촌(농산어촌)의 생활이 크게 달랐고, 가정이나 아이들의 생활의식이나 교육 요구에도 커다란 괴리가 있었다는 것을 알 수 있다.

산촌에서는 노부부 교사의 지도로 칠판과 분필, 책상이 있는 교실에서 교과서로 복습 위주의 학습을 하는 모습과, 근대 이전부터 숯 장사로 생계를 유지해오던 촌락의 생활 모습이 그려진다. 그에 반해 도시에서는 진학 학원이 줄줄이 늘어서 있는 모습이나 소학교 수험을 위한 유아 교실의 모습, 사립중학교 수험을 위해 모의시험을 보는 아이들의 모습이 방영되는 등 어린 시절부터 격렬한 수험경쟁 속에서 살아가는 아이들이 증가하고 있음을 보여준다.

도시의 상황은 1950년대 후반의 아이들과 부모의 생태와 교사의 사정을 보고한 나가타 도키오永田時雄의 『도시의 아이들과 학력都市の子どもと学力』(1959)에서 충분히 짐작할 수 있다. "도시 아이들의 다수는 생산에서 분리됨으로써 소외되고, 소비를 만드는 생활의 장에 놓이게 되었다."라고 하며, "아무리 좋은 교육을 받더라도 상급학교의 입학시험에 합격하지 않으면 아무것도 아니다."라는 "샐러리맨 가정"의 생각이 사회 전반에 퍼져 있음을 기술하고 있다.

여기에서 말하는 "샐러리맨 가정"이란 아이들을 적게 낳고 소중히 키워 좋은 교육을 베푸는 것을 첫째로 생각하는 "교육가족"이라 불리는 층과 겹친다. 실제로 한 가족당 아이의 수는 1950년대의 4~5명에서 20년 사이에 2명 정도까지 반감했고, 패전 후의 부흥과 함께 "어린 수험생"에 대한 진학 요구가 비약적으로 커졌다는 것을 알 수 있다.

당시 도쿄에서는 반초番町소학교―고지마치麹町중학교―히비야日比谷

고교의 코스를 거쳐 도쿄대학에 진학하는 "일본의 엘리트"가 나타났다. 그 때문에 학구 밖에서도 반초소학교나 고지마치중학교로 월경 통학하는 아이들이 많이 생겨났고, 그것이 문제가 되었다.

『마을을 키우는 학력』

농산어촌과 도시는 마치 일본에 두 개의 사회가 있는 것처럼 격차가 벌어져 서로 다른 환경에 놓여 있었지만, 고도성장기를 맞아 균질화되어간다.

도시의 학력·수험 문제가 1950년대 후반에는 농산어촌에까지 확산되는 경향을 보였다. 패전 후의 대표적인 교육실천자로 유명한 도이 요시오東井義雄의 『마을을 키우는 학력村を育てる学力』은 이러한 상황을 배경으로 마을에서 필요한 학력을 생각하고자 했다.

도이가 근무했던 효고현 중산간 지역인 단토 지구에서도 1950년대 후반에 현이 발표한 "학력조사보고서"에서 이미 학력 부족이 보고되었고, 진학 지도와 취직 지도를 확충할 것이 요구되었다. 고베나 오사카로 진학·취직하려는 아이들이 단토 밖에서도 통하려면 학력이 필요하다고 생각했던 것이다. 그에 대해 도이는 "그러한 학력은 결국 마을을 저버리게끔 하는 데만 도움이 되지 않을까?"라고 의문을 던졌다.

고도성장기에 지방의 농촌생활도 크게 변화했다. 1차산업을 중심으로 한 산업구조가 2·3차산업 중심으로 변화해감으로써 연간 80만 명의 노동력이 농업 부문에서 비농업 부문으로 옮겨 갔고,

"민족 대이동"이라고도 형용되는 농촌으로부터 도시로의 노동인구 대이동 현상을 일으켰다. 한편 농촌에서는 농업으로는 생계가 이뤄지지 않았기 때문에 이농·이촌을 하든가 현금 수입을 추구하여 겸업농가로 전환하는 등의 일이 요구되는 상황이었다. 이러한 가운데 농촌 이외에서 살아갈 수 있는 가능성을 가져다주는 학력은 중요한 의미를 지니는 것으로 여겨졌다.

도이의 실천을 비롯해 학력과 마을을 연결한 "마을을 키우는 학력"이라는 "표어"가 큰 반향을 불러일으킨 것은, 그때까지 마을과는 아무런 관계 없이 오히려 대립했던 학력이 갑자기 클로즈업되어 동요하는 각지의 지역 사회의 과제에 조응했기 때문이다. 도이의 실천은 학력이라는 외압으로부터 마을을 지키는 "방파제"의 의미를 지니는 것이었지만, 지역 사회가 존립하기 위해서도 학교에서 키우는 학력이 필요하다는 것을 전제로 하고 있고, 학력을 기반으로 하는 사회로 이행하는 교량 역할도 함께 수행했다.

2. "출구"의 전개: 중학교의 변화

취학과 취로의 연결

서장에서 본 것처럼 졸업자 수의 동향을 생각해보면 1960년대 전반까지는 중학교가 직업 사회로 가는 "출구"였다. 고도성장은 커다란 인구이동을 초래했는데, 그중 큰 비율을 차지한 것이 신규 중학교 졸업자였다. 기업의 구인이 극적으로 증가했고, 그에 따라 노동시장의 수급관계도 크게 변화하는 가운데, 국가적(국민경제적) 관점에 입각한 "강력한 수급 조정"에 따라 직업안정소가 학교와 협력하여 "직업지도"를 실시한 후 취직을 알선하거나 알선 업무의 일부를 학교에 분담시키는 것이 가능해졌다.

가리야 등의 연구는 이 시기의 노동성이 전국의 신규 중학 졸업 노동력 수급에 어떻게 관여했는지를 검토하고, 중학교 졸업자의 지역적인 수급 조정부터 한 사람 한 사람의 "적직適職" 파악까지 노동성과 직업안정소가 장악하여 조정하는 과정에 대해 밝히고 있다.

학교가 학교를 졸업한 사람들을 대상으로 하는 구인을 철저한 "지도"의 형태로 관리했고, 다른 한편으로는 직업안정소와 학교가 협력하여 실시하는 "직업지도"도 이루어졌다. "직업지도"의 내용은 직업지식의 계발, 적성검사 등을 이용한 아이들 "개성의 과학적인 판정", 카운슬링 등에 근거한 "적직"의 결정, 기업이 학교에 구인을 하면 학교가 1인 1회사로 한정해 추천을 하는 "일인일사一人一社"의 원칙에 의거한 구직자 선발, 교사에 의한 취직 후의 "정착지도" 등이다. 이와 같은 "직업지도"는 단카이団塊 세대•의 대량의 노동력을 도시로 송출함과 동시에, 고도성장으로부터 약 30년간 학교와 직업 시스템의 연결 기점으로 안정적으로 기능했다.

• 일본에서 제1차 베이비붐이 일어났던 시기에 태어난 세대를 가리킨다. 1947년~1949년에 태어나 문화적으로나 사상적으로 공통된 세대를 가리키는 이름으로, 경제기획청의 관료였던 사카이야 다이치堺屋太一가 쓴 소설 『단카이 세대団塊の世代』에서 유래했다.

집단취직과 학교

이러한 수급 조정의 결과 지방 출신의 신규 중졸자는 "집단취직열차" 같은 집단취직의 형태로 대량으로 대도시로 향했다. 집단취직은 노동력 확보에서 불리한 위치에 있던 중소기업이나 가족기업과 지방 출신의 신규 중졸자를 맺어주었다. 이는 1950년대 중반부터 1960년대 중반에 있었던 고유한 방식인데, 실태는 "구인 측의 직업안전행정과 구직 측의 직업안전행정의 노동력 인도 작업"이었다고 한다. 여기서 학교나 교사가 수행한 역할이 적지 않았다.

하시모토 노리코橋本紀子의 연구는 아키타현의 중학교 교사가 대도시에 취직한 졸업생의 직장에 가서 정착에 도움이 되는 지도를 한 내용이 나와 있다. 마을의 학교와 대도시의 직장이라는 거리를 사이에 두고 교사와 학생이라는 학교 공동체의 관계가 지속된 예이다. 이러한 단편적 사례뿐만 아니라 교사와 학생의 학급 공동체는 이 시기 교육실천의 기반을 담당했다.

"기술·가정과"의 신설

제2장에서 살펴본 것처럼 신제 중학교는 다양한 진로 요구를 한꺼번에 받았는데, 이에 대한 제도적인 대응책으로 마련된 것이 "학교에서 일(직장)"로의 연결을 담당한 교과였다. "직업과"와 그 후속으로 1951년에 개설된 "직업·가정과"가 바로 그것이다. 이것들은 당초에는 진로지도도 포함한 교과였는데, 그때까지의 지도요령이 상정하고 있던 사회상이 달라지고 교과 내용의 구성을 크게 변화시킬

필요가 생겨나, 1958년의 "학습지도요령" 개정에 의해 "기술·가정과"로 새롭게 짜였고, 진로지도는 특별교육활동 중의 학급활동으로 옮겨졌다([표 3-1]).

그때까지의 "직업·가정과"는 "실생활에 도움이 되는 일"이라는 관점에서 "직업과"와 "가정과"를 하나의 교과로 파악했다. "농업·상업·공업·수산·가정"을 하나의 묶음으로 편성하는 원리는 교육 내용을 지역생활에서 추출하려고 한 지역주의(지역 사회에 따른 특색)와 광범한 내용을 대략 한 번씩은 시도해보고자 하는 "계발적 경험"의 원리가 관철된 것이었다.

그에 반해 "기술·가정과"는 고도성장기의 기술혁신에 대응한 편성과 내용으로 되어 있다. 1957년의 "중앙교육심의회(중교심)"의 "중학교에서의 직업에 관한 기초교육의 강화"의 답신에 따라, 1958년의 "학습지도요령"은 "과학기술에 관한 교양"을 높이는 것이나 "산업이나 국민 생활의 향상"을 전면에 내세우고 있다. 이것을 받아들여 도입된 "기술·가정과"는 "기계", "전기", "종합실습" 등 근대기술과 관련된 "남자용"과, "조리", "피복제작", "보육" 등 "여자용"의 내용으로 구성되었다.

"가정과"는 패전 후 학제 안에서 여자만의 과목을 두지 않겠다는 CI&E의 방침에 따라 여자용 교과로서가 아니라 "직업과" 안에서 출발했는데, 고도성장을 유지하기 위한 남성 노동력 확보라는 과제를 고려해 1958년에 여자의 필수과목으로 재구성되었고, 성별 역할 분업을 지탱하는 과목으로 자리 잡았다.

이처럼 여자만 필수로 해야 하는 일본의 가정과는 국제 사회로부터 남녀차별이라는 비판을 받았다. 1980년대에는 여성차별철폐조약의 비준에 즈음하여 남녀차별적인 커리큘럼을 변경할 것이 검토되었고, 1989년의 "학습지도요령" 개정에서 남녀 모두 중학교·고교에서 가정과를 배우게 되었다([표 3-1], [그림 3-1] [권말 수록, 200쪽 참조]).

고교로 가는 통과점

"직업과"뿐만 아니라 교과의 변천은 중졸 취직자의 감소와 고교 진학자의 증가라는 진로 동향을 반영한다. 중학교의 커리큘럼은 패전 직후에도 직업 사회와의 연결을 강하게 의식하지는 않았지만, 고도성장기를 맞아 그 경향은 보다 강해졌고 학교 간의 이행(진학)을 전제로 하게 되었다. 중학교 졸업 후에 "학교에서 일자리로"의 이행을 현실적으로 상정했던 시기와, 고교로 진학하는 "학교에서 학교로"의 이행을 상정한 시기에는, 학생의 입장에서는 교과가 갖는 의미가 달랐을 것이라 쉽게 추측할 수 있다.

3학년이 되면 장래의 진로에 따라 선택교과에서 외국어(영어)나 수학을 선택할지 "직업과"를 선택할지 결정해야 했는데, 취직을 희망하는 경우에는 영어를 배우고 싶어도 본인의 의도와는 달리 교과가 정해져버리기도 했다. 또한 1960년대 초기까지 선택교과였던 외국어를 공립고교의 입시과목으로 채택한 도도부현은 1961년도에는 5개로 지극히 소수였지만, 이후 급증하여 1965년도에는 42개 학교에서 외국어를 전 지원자에게 부과했다(문부성 초등중등교육국

[표 3-1] 중학교 교육과정의 변천

학습지도요령 공시 연도		1947년	1951년	1958년	1969년
학습지도요령 실시 연도		1947년도 ~	1951년도 ~	1962년도 ~	1972년도 ~
교과	필수 교과	국어 15 습자 2 사회 13 국사 3 수학 12 이과 12 음악 6 도화공작 6 체육 9 직업 12 (농업, 상업, 공업, 수산, 가정)	국어 14~22 (습자) 사회 13~23 (일본사) 수학 10~15 이과 11~15 음악 6~9 도화공작 6~9 보건체육 9~15 직업·가정 9~12	국어 14 사회 13 수학 11 이과 12 음악 5 미술 4 보건체육 9 기술·가정 9	국어 15 사회 13 수학 12 이과 12 음악 5 미술 5 보건체육 10.7 기술·가정 9
	선택 교과	외국어, 습자, 직업, 자유연구	외국어, 직업·가정, 기타 교과	외국어, 농업, 공업, 상업, 수산, 가정, 수학, 음악, 미술	외국어, 농업, 공업, 상업, 수산, 가정, 기타 특히 필요한 교과 12
교과 이외의 교육활동			특별교육 활동 6~15	특별교육 활동 3 학교 행사 등 도덕 3	특별활동 4.2 도덕 3
총 수업 시수		90~102	(최저 시수) 87	(최저 시수) 96	(표준 시수) 101

주: 1 부분 개정은 제외
 2 숫자는 일주간의 수업 시수(한 시간은 50분) 3년간의 합계
 3 1947년도는 과목 표기. 선택교과는 각 과목당 각 학년에서 1~4시간의 범위에서 합계 4시간 이내 (최대 6시간)
 4 1951년도의 필수교과는 1년간 26~29시간, 선택교과 중 외국어는 각 학년당 4~6시간, 직업·가정 은 3~4시간, 기타 교과 1~6시간
 5 1958년도의 선택교과는 각 학년당 외국어 3시간, 농업, 공업, 상업, 수산, 가정 2시간, 음악, 미술 1시간, 수학은 3학년만 실시하고 2시간

학습지도요령 공시 연도		1977년	1989년	1998년	2008년
학습지도요령 실시 연도		1981년도 ~	1993년도 ~	2002년도 ~	2012년도 ~
교과	필수 교과	국어 13 사회 11 수학 11 이과 10 음악 5 미술 5 보건체육 9 기술·가정 7	국어 13 사회 10~11 수학 11 이과 9~10 음악 4~5 미술 4~5 보건체육 9~10 기술·가정 6~7	국어 10 사회 8.4 수학 9 이과 8.3 음악 3.3 미술 3.3 보건체육 7.8 기술·가정 5 외국어 9	국어 11 사회 10 수학 11 이과 11 음악 3.3 미술 3.3 보건체육 9 기술·가정 5 외국어 12
	선택 교과	음악, 미술, 보건체육, 기술·가정, 외국어, 기타 특히 필요한 교과 10	국어, 사회, 수학, 이과, 음악, 미술, 보건체육, 기술·가정, 외국어, 기타 특히 필요한 교과 9~18	국어, 사회, 수학, 이과, 음악, 미술, 보건체육, 기술·가정, 기타 특히 필요한 교과 4.4~8	(표준 시수 외)
교과 이외의 교육활동		특별활동 6 도덕 3	특별활동 3~6 도덕 3	특별활동 3 도덕 3 종합적인 학습시간 6~9.6	특별활동 3 도덕 3 종합적인 학습시간 5.4
총 수업 시수		(표준 시수) 90	(표준 시수) 90	(표준 시수) 84	(표준 시수) 87

출처: 문부(과학)성 "학습지도요령"

"공립고등학교 입학자 선발실시상황에 관한 조사보고서").

　중학교는 취직하고자 하는 학생이 감소함에 따라 직업 사회와의 연결성을 상실하게 되었고, [표 3-1]에서 보듯이 이과, 수학, 외국어 (영어)를 중심으로 많은 지식을 가르침으로써 산업 사회에 대응하고자 했다. 실제로는 고교로 가는 통과점으로서, 그리고 후술하듯이 편차치 등을 이용한 진로지도를 매개로 하여 고교로 진학하기 위한 선별기관으로서의 양상을 강하게 띠었다.

3. 고등학교의 대중화

신제 고교의 커리큘럼 전개

1950년대에 들어서자, 기술혁신을 시작한 산업계의 요청으로 체계적인 전문교육을 하고자 정책으로서 고교의 복선화가 추진되었다.

　패전 후의 고교 교육에서는 직업학과라도 커리큘럼의 수업 시간 반 이상은 국어, 수학, 이과 등의 보통교과가 차지했고, 고교에서만 개정된 1956년의 학습지도요령까지는 보통과와 직업학과 양쪽에 공통된 필수 보통교과에 더해 직업학과는 필수 전문교과를 이수하는 형태가 되었다. 또한 학생이 자유롭게 과목을 선택하는 자유선택제가 실시되었다.

　1956년 개정된 학습지도요령에서는 자유선택제에서 학교가 정하는 코스 중 하나를 학생이 선택 이수하는 코스제로 이행되었다.

[그림 3-1]에서 볼 수 있듯이 1960년의 고교 학습지도요령 개정에서는 보통과정과 직업과정의 커리큘럼이 분리되었고 보통과정의 보통교과 필수단위수가 대폭 증가했다. 동시에 직업과목의 필수단위수가 30에서 35단위로 늘어났고 "사정이 허락한다면 40단위 이상이 바람직하다"고 하는 등 직업과정의 전문성을 중시한 커리큘럼이 제시되었다. 이것들은 보통과와 직업학과를 분리함으로써 고교 3원칙의 하나였던 총합제의 틀을 새롭게 짜고자 한 것이었다.

1960년대 이후, 그때까지 진학하지 않았던 층도 고교에 진학하게 되었고, 동시에 보통과로 진학하고자 하는 성향이 높아졌으며, 학력차가 확대되었다. 이러한 상황에 대응하고자, 보통과에서도 다양한 코스를 설정할 수 있도록 1970년의 학습지도요령에서는 보통과의 필수단위수가 삭감되었고, 다시 직업학과와 공통된 필수 보통교과가 개설되었다.

이와 같은 전개 속에서 직업학과만을 보면 보통교과의 변화는 적고 전문교과도 필수단위수를 제외하면 변화는 거의 없다. 그 후 1978년의 학습지도요령 이후에는 전체적으로 졸업단위수가 감소하고, 상대적으로 선택교과의 비율이 늘어난다([그림 3-1]).

베이비붐과 고교 전원 입학

산업계로부터의 요청 외에도 베이비붐 세대의 취학 행동 또한 교육정책에 큰 영향을 끼쳤다.

중학교까지를 "가야만 하는 학교"라고 한다면, 그 후는 제도상

"가지 않아도 되는 학교"로 선택의 여지가 있다. 중학교 졸업자 중 어느 정도가 고교로 진학할지 추측에 기초하여 고교 교육을 생각하는 것이 문부 정책의 과제가 되었다. 의무교육 수료 후에도 계속 이어진 취학 행동은 교육인구의 팽창을 가져왔고, 결과적으로 고교 교육의 장이 부족해지는 심각한 사회문제를 불러일으켰다.

이 취학 행동을 뒷받침하는 것은 사람들 사이에 확산되고 있던 "우리 아이는 적어도 고교까지는 보내겠다"는 교육의식이었다. 1962년에는 총평(일본노동조합 총평의회)·일교조를 모체로 하는 "고교전원입학문제 전국협의회(전입전협)"가 결성되었다. "고교전입"운동은 당시 아주 많이 볼 수 있었던 "콩나물 교실"의 해소도 호소하면서, 특히 패전 후의 베이비붐 세대가 고교 입학기를 맞게 된 이 시기에 고교 증설을 강하게 요구했고, 전국으로 퍼져 나가 대규모의 운동으로 발전해갔다.

중학교 졸업자 수는 1963년을 정점으로 하락세로 바뀌지만, 1965년까지는 200만 명을 웃돌았고 고교 진학은 여전히 어려웠다. 이 시기에는 "열다섯의 봄을 울리지 않는다"는 슬로건을 내걸고 교사나 새로운 중간층을 중심으로 한 고교전입운동이 확대되었다. 그리고 입시의 부조리로부터 제자들을 구해내고 싶다는 한 중학교 교사의 바람으로 편차치가 생겨났고 이것은 이후의 교육에 큰 영향을 끼쳤다. 이러한 상황들은 고교 진학이 어려운 현장으로부터의 대응이기도 했다.

하지만 고교 측에서는 패전 전의 중등학교 교사가 고교의 교육

현장에 많이 재직하고 있고 구제 중학교 등에 존재했던 "엘리트 문화"가 잔존하고 있다는 이유로, 고교전입에 반드시 긍정적인 것은 아니었다. 고교 측은 "고교전입"이라는 논의로만 경도되는 것에 의문을 품기도 했다. 1960년대부터 1970년대 중반에 걸쳐 급상승한 취학 행동은 이러한 내용을 품고 있다.

베이비붐 세대가 고교를 졸업한 최초의 해가 1967년이다. 이 해의 졸업생은 156만 명으로 전년도보다 25퍼센트 증가했다. 취학인구 증가에 대응해 고교 증설이 매우 빠른 속도로 추진되었는데, 양적인 대응도 뜻대로 안 되는 가운데 교육의 질에까지는 도저히 힘이 미치지 않는 실정이었다.

이처럼 "단카이 세대"라 불렸던 집단은 교육인구의 물결을 형성하여 교육기본법의 이념 아래에서 구축된 패전 후의 신학제를 확대·정착시켜갔다. 한편 이러한 현실 앞에서 패전 후 교육의 이념이 낳은 기회균등을 위한 제도에 대해 되묻게 되었다. 그만큼 베이비붐은 이러한 이념에 결정적인 질문을 던진 것이다.

고교 확충정책과 진학 요구

1960년대에는 정부나 통산성이 내세운 인적자원정책이 전개되고 나아가 고교 진학 희망자가 한층 더 증대된 것을 배경으로 고교 교육의 확충이 큰 과제가 된다. 고교 교육의 확충은 후기 중등교육 확충의 일환으로 여겨졌고, 기능교육시설과 정시제 직업교육을 연계한 기능연계제도나 직업훈련교와 정시제 고교가 연계하는 기능

고교 등 6-3-3제의 틀을 넘어 확대하고자 했다. 그러나 전일제 고교 교육 이외에는 양적으로 그다지 진전되지 않았다.

전일제 고교 중에서도 보통교육과정과 직업교육과정의 학생 수의 구성비는 1960년대는 대략 6 대 4의 비율이었고, 직업과정의 확대는 거의 이루어지지 않았다. 고교전입운동의 전개에서 보았듯이, 교육운동의 주류는 보통과정의 증설을 요구했고 직업과정의 증설은 크게 바라지 않았다.

패전 후의 고교 교육의 틀이 흔들리는 한편, 신규 고졸자를 확보하기 위해 전문성을 평가하지 않는 고교 신규 졸업 노동시장이 확대되었고, 보통과의 학력을 기준으로 고교의 위계구조가 형성되어 갔다. 이는 노동시장뿐 아니라 학교 교육에서도 학력의 상대평가와 그것에 기초한 능력주의가 교사나 아이, 보호자의 교육의식에 침투함으로써 생겨난 현상이다. 이것은 직업과정의 전문성을 고양하고자 했던 1960년대 초의 문부행정의 교육개혁 구상을 무너뜨리는 것이기도 했다.

대중화에 대한 대응

1960년대를 거치면서 중졸 후의 진로는 고교 진학에 집중되었고, 그때까지는 없었던 폭넓은 층의 학생을 받아들임으로써 고교의 대중화가 진행되었다. 고교에 남아 있던 구제 중등학교의 문화는 소실되어갔으며, 이전과 비교하더라도 저학력 학생들이 입학하게 되었다. 당시의 전국고등학교장협회 회장이 기존의 교육 커리큘럼으로는 무리가 있다고 하여 고교 교육의 다양화·계층화를 주장한 것은 이를 웅변해준다.

　1966년에 발표된 "중교심"의 답신 "후기 중등교육의 확충정비에 대해"는 진학률의 상승과 함께 고교에 입학하는 다양한 학생들에 대응하기 위해 "직종의 전문적 분화와 새로운 분야의 인재 수요에 즉각 대응하도록 개선하고, 교육 내용의 다양화를 도모한다"며 후기 중등교육의 다양화를 제창했다. 이것은 1960년대 초에 제시된 각 직업과정의 전문성에 의거한 복선화를 추진하는 고교 교육개혁 구상의 일환이라기보다는 보통과정, 직업과정의 내부에서 생겨난 다양성·계층성을 그대로 추인하는 방침이라고도 할 수 있다. 앞서 말한 1963년의 "경제심의회"의 답신이 양질의 노동력을 양성하는 것에 주안점을 두고 있었다면, 이 답신은 고교에 입학하게 된 "비非 엘리트층"을 어떻게 교육할 것인가라는 관점에 서 있다. 이는 곧 고교의 대중화에 대응한 것이라고 할 수 있다.

4. 학교 간 연계 문제의 양상들: 중학교와 고등학교의 연계

입시개혁의 동향

신학제 출발 당초에 고교입시는 희망자의 전원 입학을 원칙으로 했고, 보고서만 제출하고 무시험으로 실시되었다. 그러나 1950년대 후반에는 희망자가 증가했기 때문에 선발을 원칙으로 하게 되었고,

나아가 1960년대가 되자 적정한 능력을 입학조건으로 하는 "적격
자주의"가 명시되었다. 당시에 고교 진학률이 폭발적으로 상승하
고 가혹한 입시경쟁이 전 일본을 휩쓸어 "수험지옥"이라는 말도 생
겨났다. 1960년대 후반에는 학력에 의한 고교 간의 격차가 세분화
되었고, 그로 인해 입시 준비를 상정한 "테스트주의" 교육이 큰 사
회문제가 되었다. 수험경쟁의 과열화에 대한 대응이 학교의 현실적
인 과제가 되었던 것이다.

1966년의 문부성 통지 "공립고교의 입학자 선발에 대해"에서는
학력검사에만 의존하는 선발의 폐해 극복을 염두에 두고, 평소 중
학교에서의 학습 상황 등을 보여주는 내신서를 통해 학력검사로는
측정할 수 없는 학생의 종합적 다면적 능력을 평가한다는 방침이
세워졌다.

학력시험 실시 교과의 선택까지 포함하여 구체적인 방책은 각
도도부현에 위임되었고, 각지의 교육행정 단위에서 입시경쟁 완화
와 학교 간 격차 시정을 목표로 삼았다. 총합선발제의 도입 등 공립
고교를 법적인 제도에 의해 평준화하려는 입시개혁이 실시되었던
것이다.

그 선구가 된 것은 1967년 도쿄도의 입시개혁이다. 오랜 전통과
높은 대학 진학률을 자랑하는 유명 공립고교를 정점에 둔 위계구
조를 구축하고 있던 공립고교를 평준화하기 위해 학교군제를 도입
했다. 이것은 수험자의 학교 선택에 제한을 가하고자 하는 것이었
다. 학교군제의 도입으로 인해 높은 사회적 위신을 얻어왔던 유명

공립고교는 약해졌고(군내 격차는 남아 있었지만) 공립고교의 평준화는 큰 성과를 거뒀다.

그러나 대도시에서는 특히 공립고교 전체의 지반 침하로 여겨졌고, 그것을 대체하는 중고일관제 사립학교가 대학 진학 실적을 높여 새로운 위계구조를 형성하게 되었다. 그 결과, 새로운 중간층을 중심으로 유명 대학 진학을 희망하는 사람이 지역의 학교에서 사립학교로 이동하게 되었다. 지역에 따라 다르기는 하지만, 이것은 경쟁을 완화하고 격차를 시정하는 입시개혁이 일정한 성과를 올리면서도 공립학교가 새로운 중간층의 진학을 위한 학력보장의 요구에는 완벽하게 대응하지 못했다는 것을 보여주고 있다고도 할 수 있다.

"지도요록"과 상대평가체제

기존의 고교 간 격차의 시정이나 학력검사의 위치를 상대적으로 저하시키는 입시개혁의 흐름 안에서 "지도요록"도 역할이 변화되었다. 1955년의 개정에서는 총합평정으로 정해진 "평정"란에 5단계의 상대평가가 사용되었다.

상대평가란 습득한 학력의 내용이 아니라, 학생의 성적이 학습집단 전체의 어디쯤에 위치해 있는가를 바탕으로 한 평가이다. 그에 의해 평정 "5"가 7퍼센트, "4"가 14퍼센트, "3"이 58퍼센트, "2"가 14퍼센트, "1"이 7퍼센트 같은 식으로 미리 짜인 틀에 따라 아이들의 교과 성적을 표기했다. "지도요록"의 성격도 교육지도 자료라기보다 "지도 과정 및 결과를 요약해 기록하고, 지도 및 외부 증명에

도움이 되는 간명한 원부"라고 여겨져 외부에 대한 증명 기능이 명시되었다.

그러나 아이들이 노력한 흔적이나 실제 성장을 평가하기 어렵다는 등 상대평가가 불러온 다양한 폐해를 지적하는 목소리가 잇달았다. 그래서 1971년의 개정에 즈음해서는 "각 단계별로 미리 일정한 비율을 정하고, 아동(학생)을 기계적으로 할당하는 일이 없도록 유의"할 것이 명기되는 등 상대평가의 원칙을 견지하면서도 유연하게 운용하는 방향이 제시되었다. 그 후에도 "절대평가를 가미한 상대평가"(1980년 "지도요록") 등 상대평가를 희석하고자 하는 방향은 계속되었다.

편차치와 내신서

한편 1960년대 후반 이후에는 진학·취직처의 선고자료로서 학교가 제출하는 "내신서"를 적극적으로 인용하는 입학자 선발제도가 도입되어, 단 한 번의 입시 점수로 합격·불합격이 정해지는 "학과시험 일변도" 선발의 폐해에 대한 대응이 이루어졌다. 그러나 다른 한편으로 객관성, 신뢰성의 확보라는 요청이 있었기 때문에, 내신서에는 보다 엄밀한 대응으로 "5단계 평정"에 의한 "상대평가"가 엄밀하게 적용되었다. 이에 따라 평소에도 내신서의 상대평가를 의식하게 되었고, 입시가 일상에까지 번진 상황을 맞닥뜨려야 했다.

동일한 시기에 도쿄도 미나토구의 중학교 교사는 제자가 시험을 치를 고교를 선택하는 기준으로 삼기 위해 통계적인 데이터를 이용한 편차치를 고안했다. 아이들 각각의 점수가 그 시험의 수험자 전체의 어디쯤에 위치하는지를 알 수 있기 때문에 그 후 널리 활용되었고 수험경쟁의 상징적인 존재가 되었다.

이와 같이 내신서는 일상적인 학교교육활동의 정통성을 회복하고 "단판승부"로 결정지어지는 학과시험의 부담을 줄이기 위한 개선책으로 도입되었으며, 편차치 또한 한 중학교 교사의 열의로 고안되었다. 이렇듯 상대평가는 "선발 논리"가 직설적으로 드러난 것이라기보다는 선의의 패러독스로 이루어졌다고도 할 수 있다.

진로지도의 어려움

근대 학교에서 교육은 선발 시스템과 불가분의 관계에 있고, 진로지도는 그 모순을 마주하지 않을 수 없는 영역이었다. 진로지도는 학생에게 특정한 진로를 향한 물길을 터주고, 학교나 교사의 생각과는 별도로 격차를 지닌 학교 체계 안에 아이들을 배분하는 역할을 요구받았다.

진로지도를 교육에 포함하는 것을 주저하는 주장이 종종 표명되어, 교육현장에서도 평정을 "3"으로 통일하여 전원에게 동일하게 부여한 다치카와^{立川}중학교의 예처럼 선별로부터 교육을 지키려고 교육평가를 포기하는 사태도 일어났다. 또한 내신서의 활용은 일상의 교육성과로 진로를 정하는 "교육"적인 방안이라고 볼 수 있지만, 내신서에 기재된 학생의 사상이 고교 입학의 합격 여부에 영향을 미친다고 하여 학습권 침해가 논쟁이 되기도 했다. 내신서는 행동이나 내면의 평가로까지 이어져 중대한 인권침해가 된다고 하여 사회문제가 되었는데, 고지마치중학교에서는 특기사항에 학생의 "정치적 성향"을 타박하는 내용이나 행동평가가 기록되어 있어서 평가 당사자인 학교와 교사가 비판을 받기도 했다.

"상대평가"를 "도달도 평가"로 재편하는 것이나 고교입시의 학구를 소학구제로 하는 것 등을 주장했던 교육운동 측도 내신서의 폐지를 요구했다.

그러나 현실에서는 중학교 교사인 미키 유이치三木雄一가 기록했듯이 "가정교사를 붙이거나 좋은 학습학원에 보낼 수 없는 가정이 많은 지역의 학교 교사는 시험 자체에 집착하거나 수험교과 중심에서 벗어난 수업을 하기 위해서라도 내신서를 '선발'에 사용하는 것 외에는 방법이 없었다"("내신서 폐지에 대해", 전국진로지도연구회 편, 『진로지도와 고교전입문제』 40호, 1974).

이처럼 학교는 교육과 선별이 뒤섞인 공간을 만들어냈다.

5. 산업화 사회에 대응한 양상들

계통학습으로의 이행과 특설도덕

앞서 말한 것처럼 1958년의 "학습지도요령" 개정은 패전 후 틀의 대전환이었다. 패전 후의 학교 교육은 경험학습을 중심으로 조직되었고, 그 결과 지역이나 학교별 격차를 낳았으며, 나아가 학력저하가 문제가 되었다. 이에 대해 전국에 동일한 수준의 교육을 보장하고 동시에 산업화 사회의 기술혁신 등 새로운 동향에 대응하기 위해 계통적이고 과학적인 교육 내용이 요구되었다. 즉 아이들의 경험을 바탕으로 교육 내용을 배치하는 것이 아니라, 학문별 성과에 기초하여 계통적으로 교육 내용을 배치하고 순서를 따라 학습하는 "계통학습"이 중시되었다.

그리고 특설도덕이 도입되어 학교행사가 독립된 영역이 된 결과, 커리큘럼은 교과, 도덕(소·중학교), 특별교육활동(특별활동), 학교행사 등으로 구성되었다([그림 2-2]).

"교육칙어"에 근거했던 패전 전의 도덕교육이 국민을 전쟁으로 내몰았던 것에 반성하면서 패전 후에는 도덕교육을 기피했고, 학교교육 전체에서 사회과를 중심으로 도덕의 영역에 대응하도록 바뀌었다. 그러나 동서 냉전구조와 "전후 교육"의 재검토라는 움직임 속에서 몇 차례의 개정을 통해 "총합사회과"의 성격을 수정해 도덕을 독립시켰다. 이것은 패전 전의 "수신修身"의 부활이라고도 받아들여져 큰 반대 여론과 운동을 낳았으며, 결과적으로 교과가 아닌 "특설도덕"이라는 형태로 도입되었다.

이러한 특설도덕의 도입이나 국가 기준에 기초한 계통학습으로의 이행은 패전 후의 커리큘럼 틀에서 볼 때 신기원을 이룬 것이다. 학교는 새로운 편성 아래에서 산업화와 기술혁신에 대응할 수 있도록 대량의 학교지식을 전달하는 기반을 갖추었다. 이어서 1960년의 고교 학습지도요령에서는 보통과의 이수 단위가 다른 시기에 비해 많았고 필수과목의 비율도 커졌다([그림 3-1]).

교육 내용의 현대화와 "기대되는 인간상"

고도성장기에 요구되었던 계통적이고 과학적인 교육 내용은 일본
뿐 아니라 기술혁신이나 과학기술 진흥을 과제로 여기고 있던 선진
국 전체의 교육 과제이기도 했다. 1957년 구소련의 인공위성 발사
로 인한 이른바 스푸트니크 쇼크는 서방 측 선진국을 중심으로 학
교의 교과 내용에 보다 완전한 형태로 현대과학의 성과가 반영되도
록 커리큘럼을 개혁하는 동향을 낳았다.

이러한 개혁은 "교육 내용의 현대화"라고 불린다. 일본에서는
1968년, 1969년, 1970년의 "학습지도요령"에 제시된 것과 같이 "과
학기술의 고도의 발달"뿐 아니라 "국제지위의 향상"을 위한 방안
또한 고려하고자 했다. 이것을 가장 잘 반영한 것이 수학과 이과였
다([표 3-1], [그림 3-1]). 그러나 과학의 체계를 중시한 나머지 아이들의
경험이나 문제의식을 경시하는 경향이 생겨났고, 소학교의 산수에
"집합" 단원이 도입되는 등 현장에 큰 혼란이 일어나기도 했다. 산
업화에 필요하다고 여겨지는 방대한 지식을 학교의 커리큘럼에서
습득하기에는 한계가 있었고, 교육 내용을 어떻게 정선할 것인가가
과제가 되었다.

교육 내용의 현대화는 앞서 말한 "수교협" 등 민간교육연구단체
등에서도 시도되었다. 그러나 이 시점에서는 커리큘럼에 편입되지
않고 오로지 PSSC물리나 BSCS생물 등 미국에서 교육하는 내용

을 이입하는 현대화 노선을 택했다. 그 배경에는 문부성과, 일교조나 그 영향하에 있던 민간교육연구단체와의 대립 구도가 있었다.

1968년, 1969년, 1970년에 고시된 "학습지도요령"에서는 내용의 정선과 동시에 국가적 관점을 기준으로 "조화와 통일"을 내건 도덕이나 특별활동이 자리매김되었다.

1966년의 "중교심"의 답신 "후기 중등교육의 확충정비에 대해"에 맞춰 별기의 형태로 제시된 "기대되는 인간상"은 애국심이나 준법정신의 육성을 요구했다. 그 배경에는 고도성장과 함께 도시로의 인구 대이동 같은 사회변동이 일어나면서, 공동체가 짊어져온 사람 만들기나 관계 만들기가 힘들어진 상황이 있었다. 아이들에게 학교는 사회로 진출하기 위해 꼭 거쳐야 하는 곳이 되었고, "경쟁교육"은 아이들의 성장이나 인간관계의 형성에 나쁜 여파를 미쳤다.

도덕교육은 그에 대한 대응과 함께 일본형 기업 사회 안에서 가정이나 사회를 지탱하기 위해 근면하게 노동에 종사할 것을 요구하는 측면도 있었다. 그것은 국제경쟁을 적극적으로 담당할 인재의 양성이라는 새로운 과제에 대응하는 것이기도 했다.

민주주의 훈련

1958년의 학습지도요령 개정, 그중에서도 특설도덕의 도입은 내심의 자유를 중시하는 패전 후 교육이념에 역행하는 것이 될 수도 있다고 하여 그에 대항하는 복수의 민간교육단체가 조직되었다. 그중 하나가 "전국생활지도연구협의회(전생연)"였다. 전생연은 특설도덕

비판에 머물지 않고 그때까지 일본의 학교를 떠받쳐온 학급집단의 성격이나 방식을 묻고자 했다.

산업화 사회로 이행하면서, 학교가 지향하는 것이 민주적 평등성을 중시하는 것으로부터 교육에 의해 스스로의 힘으로 사회에서의 계층 간 이동을 가능하게 하는 사회계층 이동성에 역점을 두는 것으로 옮겨졌다고 할 수 있다. 그에 대항하여, 민주 사회의 담당자를 만드는 실천이 전개되었다. 전생연의 활동은 그 대표적인 것 중 하나이다. 문부성이 도덕교육을 도입할 때, 패전 후 일본의 교육은 인격이나 실천력을 키우는 데 관심이 없었지만, 그에 반해 전생연의 활동은 적극적으로 인간이나 집단을 형성해 구체적인 행동력을 키우고자 했다.

1971년에 출판된 전생연 상임위원회의 『학급집단 만들기 입문 제2판^{学級集団づくり入門 第二版}』은 전국의 생활지도에 큰 영향을 끼쳤다. 그 중핵에 있던 집단 만들기는 아이들의 자치를 중시한 반^班 만들기, 핵(리더) 만들기, 토의 만들기로 구성되었다. 학급 안에 반을 설치하여 반 활동에서 생겨나는 과제에 대처하면서 집단의 힘으로 집단의 질을 높여가는 것이다. 그때 교사는 직접적으로 지시하는 지도를 삼가고, 아이들은 교사의 보호나 관리를 받는 타율적인 상태에서 벗어나 자기 자신의 행동을 자치적으로 관리할 수 있어야 한다. 그를 위해 아이들끼리 "상대를 논리적으로 설득"하거나 "필요한 것을 얻기 위해 노력"하거나 때로는 "힘으로 통일"하는 것이 필요할 때도 있다. 아이들에게는 이러한 것들 모두 민주주의 훈련이라고 할 수 있다.

한편으로 학급집단 만들기는 아이들 각자의 개성을 배려하기보다는 아이들을 집단으로 파악하는 관점이 강했다는 점에 그 특징이 있다. 이러한 특징 때문에 후에 아이들이 자치를 행할 때 그 안에서 이질적인 사람을 배제하는 "전체주의"의 분위기를 강하게 느꼈다는 증언이 등장하기도 했다(하라 다케시原武史, 『류잔 코뮌竜山コミューン』, 1974).

상대평가의 질서에 저항하는 움직임

앞서 말한 바와 같이 산업화 사회의 담당자 양성을 과제로 삼은 학교는 학력평가의 기준을 학습집단 전체의 어느 지점에 위치하는가에 기초한 상대평가로 잡았다. 그 결과, 학교는 아이들을 서열화하는 장이 되었고, 아이들 중에는 "아는" 것으로부터 소외된 "낙오자"가 생겼다. 그러한 상황을 타개하고자 1970년대에 "전국도달도평가연구회"가 도달도 평가운동을 전개했다. 이 운동은 상대평가를 비판하고 도달도 평가에 기초하여 "목표에 준거한" 학력을 보장하고 "아는 수업"을 만들어내고자 하는 것이었다.

또한 학문의 계통에 근거한 계통학습 자체에 난점이 있다고 하여 "즐거운 수업"이야말로 중요하다는 주장이 등장했다. 야스이 도시오安井俊夫의 『아이들이 움직이는 사회과子どもが動く社会科』에서는 역사상의 사건을 분석적으로 이해하는 것만으로는 충분하지 않다고 하여 역사적 인물에 대한 "공감적 이해"가 중시되었다. 또한 이

타쿠라 기요노부板倉聖宣는 과학이란 어떤 것인지 직접 체험할 수 있도록 문제·예상·토론(가설)·실험을 수업의 중심에 두는 가설실험수업을 주도했으며, "즐거움 없이 아는 것만 얻는" 수업을 비판하고 "즐거움 그 자체가 목적"이 되는 수업을 주장했다.

이러한 "즐거운 수업"이 제안됨에 따라 "아는 수업"에서는 아이들이 지식을 수동적으로 받아들이고 때때로 학습이 개별적으로 이루어지는 등 배우는 방식에서 문제가 떠올랐다. 이러한 수업론은 "아는" 것의 질을 따져보고자 하는 것이었는데, 제4장에서 후술하겠지만 학교에서의 배움에 흥미를 가질 수 없는 상황에 대한 학교 현장의 대응이라는 측면도 있었다.

이러한 동향과는 별도로 1980년대 이후 죽음과 성 등 생명과 관련된 제재를 다루는 실천이 잇달아 생겨났다. 1980년 소학교 4학년생을 대상으로 한 도리야마 도시코鳥山敏子의 "닭을 죽여서 먹는 수업" 등은 그 후 "생명 수업"의 선구가 되었고, 가나모리 도시로金森俊朗의 임산부를 초대한 성교육 수업이나 말기암 환자를 초대한 죽음 수업도 화제가 되었다. 이러한 실천이 주목을 받게 된 배경에는 과거에는 집에서 태어나 집에서 죽었던 사람들의 "삶"이 병원을 매개로 하게 된 점이나, 핵가족화가 진행되어 아이들이 "성"이나 "죽음"을 접할 기회가 사라진 점 등을 들 수 있다. 생명을 실감할 수 없는 아이들에게 학교 교육으로 "삶" 자체를 가르칠 필요가 절실해졌다고 할 수 있다.

6. 학교에 대한 이의 제기

학교·교사에 대한 시선의 변화

학교나 교사에 대한 시선도 크게 변화했다. 1950년대까지의 농산어촌에서 학교는 가업의 후계자를 양성하는 곳과는 거리가 멀었다. 학교나 교사는 지역이나 가정생활로부터 거리를 두고 있었고, 가정에서는 학교를 전혀 이해하지 못했기 때문이었다. 한편으로 학교에 대한 기대가 낮았기 때문에, 오히려 관용적으로 받아들이는 경향도 있었다.

고도성장기를 맞이하면서 지역이나 가정은 그때까지와 같이 학교나 교사를 관용적으로 받아들이지 않고 회의적이고 비판적인 시선으로 바라보았다. 고도성장기 이후에는 지역의 교육 역량이 약화된 한편, 고학력 부모와 학교 사이에 긴장관계가 높아졌다. 학교에 가지 않으면 순조롭게 사회에 나갈 수 없는 시스템이 만들어지던 가운데, 학교에 의존할 수밖에 없는 가정이 학교에 "불신"을 품는 상황이 퍼져갔던 것이다.

그 후에도 가정에서는 학교에 점점 더 강한 요구를 하게 된다. 하지만 그것은 다음 세대 형성을 위해 가정이 담당했던 "가족이 행하는 교육"(나카우치 도시오中內敏夫)에서 학교 교육의 하청으로서의 "가정교육"으로 이행하는 과정이었다. 즉 바꾸어 말하면 학교적인 가치에 가정이 종속되어가는 과정이기도 했다. 또한 소비 중심의 가치관이 아이들의 생활에 침투하여 학교의 가치 기준과 마찰이 커져

가던 가운데, 학교나 교사를 향한 사회의 시선도 보다 엄격해졌다.

이는 1970년대 매스컴의 움직임에서도 알 수 있다. 1970년대 《마이니치신문》의 "교육을 좇는다", 《아사히신문》의 "지금 학교에서", NHK 교재반의 《NHK 특집·일본의 조건》 등에서 다양한 학교와 교사를 둘러싼 취재보도가 이루어졌다. 학교의 관리주의와 체벌은 물론, 그때까지는 문제가 되지 않았던 사소한 사항에까지 눈을 돌렸고, 학교는 비판적인 시선에 노출되었다.

"반란"의 전개

고도성장기는 학교화 사회의 실현과 동시에 대규모 학생의 "반란"이 펼쳐졌던 시기이기도 하다. 이 반란은 학교의 "엘리트층"의 "자기비판"까지 수반해 "대학분쟁"이나 "고교분쟁"으로 이어진다. 이것은 미일안보투쟁 등의 정치적인 과제뿐 아니라 대학의 관리운영이나 학비 인상 등 학내 문제에 대한 학생들의 이의 제기를 중심으로 이루어진 것이었다. 이러한 움직임은 많은 학생을 대학에 보낸 소위 명문 고교에서도 볼 수 있었다. 학생들은 집회나 데모뿐 아니라 졸업식을 방해하거나 학교에 바리케이드를 치는 등 학교 질서 그 자체에 반항했다.

그 배경에는 대학의 대중화, 베트남전에 대한 반전운동, 전후 민주주의를 되묻는 신좌익의 대두 등 구미의 학생 반란과 공통된 상황이 있었다. 당시 단카이 세대가 고등교육을 받는 나이가 되었고, OECD(경제협력개발기구)의 교육조사단이 단 하루의 수험이 인생을

결정하는 일본 교육의 특징을 지적했듯이(『일본의 교육정책日本の教育定策』, 1972) 일본 교육의 현실은 격렬한 수험경쟁으로 상징되는 "경쟁교육"이었다. 기회균등과 교육의 평등을 내걸고 출발한 패전 후 일본의 학교가 실제로는 말 그대로 선별기관으로서 불평등을 재생산하는 장치가 된 것에 젊은이들의 실의와 반발이 폭넓게 확산되어갔다.

이러한 학교에 대한 "반란"은 1969년 도쿄대학의 야스다 강당 사건● 이후 1970년대에 표면화되었다가 수습되었다.

1960년대부터 1970년대 초에 학교에서 일어난 "반란"이 "엘리트층"을 중심으로 한 것이었던 데 반해, 1970년대 후반부터 1980년대에 걸쳐 확산된 "반란"은 일반 중·고교, 그중에서도 중학교를 중심으로 한 것이었다. 그러한 반란의 배경으로는 교내 폭력, 교사에 대한 폭력, 집단 따돌림 같은 문제행동의 증가와, 문제행동을 하는 아이의 연령이 낮아진 점을 들 수 있다. 특히 중학생의 문제행동이 현저히 증가했고, 보통의 가정환경에서 자란 아이들도 문제행동을 저질렀다.

1980년대에는 학교의 유리창을 깨는 등의 파괴행위나 교사에 대한 폭력 사건이 빈발한다. 이른바 "날뛰는 학교"가 일본 전체에 퍼져갔다. 집단 따돌림이나 자살 등이 사회문제로 부상했고, 등교거부 또한 눈에 띄게 증가했다. 1970년대 전반까지는 젊은이들이 명확한 의도를 가지고 이의 제기를 했다면, 그 이후에는 학교에 물리

● 전학공투회의(전공투) 및 신좌익 학생들이 도쿄대학 혼고 캠퍼스의 야스다 강당을 점거하자, 대학 측이 경찰에 의뢰하여 경시청이 1969년 1월 18일부터 1월 19일 바리케이드 봉쇄를 해제한 사건을 가리킨다.

적인 반항을 하거나 도피하는 것으로 바뀌었다고 할 수 있다.

탈학교론의 제창

이러한 현상들과 병행하여 1970년대에는 학교의 해체를 주창하는 탈학교론이 전개되었다. 그 선구는 1920년대의 학교사멸론까지 거슬러 올라가지만, 직접적으로는 1964년 출간된 폴 굿맨Paul Goodman 의『잘못된 의무교육Compulsory Miseducation』(일본어로는 1979년에 번역)을 시작으로, 일본에서는 1970년대 이후에 본격적으로 전개되었다. 그 중에서도 이반 일리치Ivan Illich는 1971년의 저서에서 "탈학교 사회 deschooling society"를 제창하면서 다음과 같이 지적했다.

> 많은 학생들, 특히 빈곤한 학생들은 학교가 그들에게 어떠한 일을 할 것인지 직감적으로 꿰뚫고 있다. 그들을 학교에 보내는 것은 목적을 실현하는 과정과 목적을 혼동시키기 위함이다. 과정과 목적의 구별이 모호해지면 새로운 논리가 등장한다. 노력하면 노력할수록 좋은 결과를 얻을 수 있다든가, 단계적으로 늘려가면 언젠가는 성공한다든가 하는 논리이다. 이와 같은 논리로 "학교화"되면, 학생은 교수받는 것과 학습하는 것을 혼동하게 된다(『탈학교 사회』, 1971).

여기에서는 school이 동사로 사용되어(일본어로는 "학교화学校化"로 번역) 학교의 영향이 널리 미치는 사회를 부정적으로 표현하고 있다. 일본의 학교는 미국이나 유럽의 학교보다 뒤떨어졌다고 일컬어지며 획일적·주입적인 성격 등으로 많은 비판을 받아왔다. 이 탈학교론의 등장 이후, 일본형 학교뿐 아니라 근대 학교 자체가 문책을 당하게 되었다. 1970년대에는 근대 학교 비판이라는 정치적인 맥락에서 탈학교론이 다루어지는 경우가 많았지만, 1980년대에 이르러 학교라는 시스템의 정비가 반드시 사람들에게 행복을 가져다주는 것만은 아니라는 학교의 상대화가 탈학교론으로 인해 본격적으로 이루어지게 되었다.

제4장

학교 기반의 동요

1990년대 이후

패전 후 제3기에 해당하는 1990년대 이후는 패전 후의 일본 사회를 지지해온 일−가정−교육의 순환관계가 무너지고 학교의 기반이 뒤흔들린다. 이에 대응하기 위해, 학교의 새로운 틀이나 학교에서 무엇을 가르칠 것인가 등을 모색하기 시작했다.

1970년대 후반 이후, 배움의 장으로서의 학교가 상대화되며 점차 현실감을 지니기 시작하자 탈학교론에 대한 공감이 퍼져갔다. 1990년대에 들어서면 학교가 다음 세대의 정치적·경제적·문화적·교육적 가치의 실현을 위해서 빼놓을 수 없는 곳으로 그 필요성이 새삼 강하게 인식된다. 하지만 실제로는 학교의 대안적인 구조를 논하는 등 새로운 인간 육성의 장으로 학교를 바라보았다.

1. 제도 기반의 변용

"전후 일본형 순환 모델"의 기능부전

석유파동oil shock 후 구미 국가들이 오랫동안 경기 침체에 허덕이던 중, 일본의 기업 사회는 남성의 장시간 노동에 여성 파트타임이나 학생 아르바이트 등을 주변노동으로 배치함으로써 회복세를 보였고, 보통 정도의 성장을 이루었다. 이런 배경에서 학교는 1980년대까지는 사회의 다양한 과제에 거리를 두었고, 오로지 기업에 인재를 보급하는 경로로서의 선발 기능만을 발휘했다. 그러한 학교에 대해 사회적으로 비판이 계속되었음에도 불구하고 학교가 기능할 수 있었던 것은 일(직장)-가정-교육의 한 방향으로 순환하는 순환 사회의 거대한 흐름 안에 학교가 확고하게 편입되어 있었기 때문이다.

혼다 유키本田由紀가 파악한 바에 따르면, "전후 일본형 순환 모델" 이라고도 할 수 있는 시스템은 다음과 같이 성립되었다. 즉 고도성장기에 일·가정·교육이라는 세 개의 사회영역이 국제정세나 생산인구의 동향 등과 같은 우발적이고 복합적인 환경요인으로 인해 고용노동의 확대, 근대가족화의 진행, 진학률의 상승을 낳았고, 그것들이 적절한 타이밍과 속도를 유지하면서 결부되어 각 영역 간에 강고한 순환관계를 만들었던 것이다.

1990년대의 저성장 시대에 들어서면서, 1980년대까지 안정적이었던 학교와 일의 연결관계는 불확실한 것이 되었다. 거품경제의 붕괴와 장기불황으로 인해 기업은 정사원을 신규 채용하는 대신 다양한 고용 형태의 비정규사원을 채용했다. 사원은 적은 인원으로 종래의 업무를 해내야 했고, 장시간의 과중 저임금노동이 이루어졌다. 이로 인해 정사원 남편(아버지)에 가정을 돌보는 아내(어머니)라는 이른바 표준적인 가정의 생활기반이 흔들리게 되었다. 또한 차세대인 그 아이들의 만혼화, 비혼화, 저출산 경향이 강해지면서 가정이라는 단위의 재생산은 정체된다.

나아가 가정 간에 커다란 수입 격차가 발생한다. 교육에 쏟는 자금에도 그러한 격차가 곧바로 반영되어 경제적·정신적인 여유를 잃어버린 가정이 증가했다. 한편 일찍부터 아이들에게 과잉개입과 과잉투자를 하던 "교육열이 강한" 계층은 국부화가 되기는 했지만 그만큼 농밀한 경쟁관계를 쌓았다. 교육보다 생활을 우선시해야 하는 층과 과할 정도로 교육에 열심인 층이 존재하게 됨으로써, 결과적으로 순환 사회에서 탈락하는 층이 증가했고, "전후 일본형 순환 모델"은 기능부전에 빠졌다.

사람들의 생애주기 표준 모델이 무너지자, 거기에 편입되어 있던 학교는 아이들에게 어떻게 관여하고 어떤 힘을 길러줄 수 있을까라는 문제에 직면하게 되었다.

전기轉機가 된 임시교육심의회

고도성장기에는 기업 사회의 요청으로 국가의 행정지도를 통해 학교제도가 확충·정비되었고, 그 결과 비대한 획일적인 경쟁 시스템이 만들어졌다. 그러나 이미 살펴본 바와 같이 그 폐해와 경직화는 분명해졌고, 1980년대 중반에는 패전 후 학교제도의 전제가 된 다양한 원칙을 재검토하기 시작했다.

1984년에 설치된 "임시교육심의회(임교심)"는 패전 후 교육체제의 성립까지 거슬러 올라가 "전후 교육의 총결산"을 주장했다. 국가에 의거한 그때까지의 공교육 개념을 재검토하면서 교육기관의 정부심의회로서는 처음으로 "교육의 자유화"를 명확하게 내세웠다. 1987년에 제출된 최종 답신에는 "(교육의) 획일성, 경직성, 폐쇄성을 타파하고, 개인의 존엄, 자유·자율"을 도모하는 "개성 존중의 원칙" 아래에서 교육에서의 규제 완화와 교육 서비스 제공 주체의 다양화, 그리고 교육을 받는 측의 선택의 기회 확대 등이 제시되었다.

하지만 일본형 순환 사회 시스템은 이 시점에서는 아직 건재했고, 답신에서도 교육의 자유화를 긴급 과제라고 표명하지는 않았다.

그러나 1990년대에 들어서자 불황의 장기화로 교육 격차가 생겼을 뿐만 아니라 냉전의 종결, 패전 후 정치의 "55년 체제"의 붕괴와 그로 인해 일교조와 문부성이 협조하게 되면서 정치 틀이 크게 전회했고, 교육의 자유화를 주요한 개념으로 하는 개혁이 추진되었다.

교육이나 학교를 둘러싼 논의를 보면, 고도성장기까지는 "교육의 국가통제"와 "교사(국민)에 의한 교육의 자유"를 상호 대항적으로 파악하고 문부성과 일교조·교육운동을 대치시키다가 "교육을 부여하는 측(국가, 학교, 교사)"과 "교육을 받는 측(부모, 아이)"을 대치시켜 서비스의 수급관계나 내용을 둘러싼 논의로 구도를 이행했다. 그 전제에는 교육을 아이들의 개성이나 부모의 희망에 따른 서비스라고 보는 가정의 요구가 있었다. 이 요구의 바탕이 된 것은 교육을 서비스의 하나로 파악하여 교육의 선택의 자유를 주장한 신자유주의 교육개혁이었다.

신자유주의 교육개혁의 전개

신자유주의 교육개혁은 국가가 관료기구를 개입시켜 통제하는 공교육은 비효율적이므로 국가적으로 획일적인 관여나 규제를 완화해야 한다고 했다. 학교를 시장경쟁 상황에 두고 보호자의 학교 선택이나 보호자나 지역주민의 학교 평가를 통해 학교가 스스로 개혁하도록 한다는 것이다. 1990년대 후반은 이러한 논리에서 통학구역의 탄력적 운용이나 중고일관중등학교의 법제화가 이루어졌다.

통학구역과 관련해서는 1998년에 미에현 기호초紀宝町에 처음으로 학교선택제가 실시되었고, 2000년에는 도쿄도 시나가와구에서 실시된 후 확산되었다. 중고일관교육은 1998년의 "학교교육법" 개정에 의해 중고일관교 및 중등교육학교의 설치가 공식적으로 인정되었다. 이것은 패전 후 일본의 중등교육의 근간을 이루었던 중학교·고교라는 기존의 학교에 복선화를 도모한다는 의미를 지녔다.

2000년이 되어 "교육개혁국민회의"의 최종 보고 "교육을 바꾸는 17개 제안"이 제출되었다. 이 제안에서는 21세기의 "지식 사회"에 대응하기 위해 "교육에 대한 투자를 국가전략"으로 자리매김하고, "계획의 작성 단계 및 실시 후에 엄격한 평가"를 실시한다고 했다. 교육 서비스 제공 주체의 다양화나 시장원리에 기초한 제도개혁이 구가되었고, 그로 인해 민간기업, NPO, 자원봉사 단체 등 다양한 섹터가 참가하게 되었다.

한편 교육을 받는 측의 선택 기회를 확대하는 방책으로 학교 선택의 확대, 중고일관교육의 확대, 진척도별 학습의 촉진, 대학입학 연령제한의 철폐, 5세부터의 입학자유화 검토 등이 제언되었다. 또한 지도력이 부족한 교원을 교직에서 배제하고, 민간인 교장의 임용과 교장재량권의 확대, 학교의 외부 평가와 그 결과의 공표, 그리고 일본판 공설민영학교charter school인 커뮤니티 스쿨community school의 도입이 제시되었다.

이러한 신자유주의 개혁은 평등을 중시하는 사회에서 개인의 자유와 경쟁에 주안점을 두는 사회로의 이행을 표방하는 것이었기 때문에 필연적으로 격차가 확대되었다.

한편 이 개혁은 "전통문화"나 "예절교육ㄴつけ", "가정교육"을 중시하는 등 신보수적인 개혁과 서로 보완하면서 전개되었다. 그것은 문제를 안고 있는 아이에 대한 엄격한 대응(비관용zero tolerance), 가정·보호자의 교육 책임 강조, 봉사활동의 의무화나 도덕을 교과화하려는 움직임 등 1990년대 후반 이후의 정책 동향에서 명확하게 볼 수 있다. 1999년에는 "국기 및 국가에 관한 법률"이 제정되어 히노마루日の丸가 국기, 기미가요君が代가 국가로 법제화되었고, "학습지도요령"에서는 입학식·졸업식에서의 국기 게양, 국가 제창을 철저하게 지도할 것을 도모했다.

"교육기본법"의 개정

"교육개혁국민회의"의 최종 보고서에는 "교육기본법"을 재검토할 것도 제안한다. 이것을 받아들인 "중교심"의 답신을 거쳐 2006년 12월에 "교육기본법"이 개정되었다. 기본법이라는 형식을 계승하면서도 조항의 구성과 법문 내용의 양면에서 전면적으로 개정되었다. 패전 후 교육의 지주로 여겨왔던 1947년의 "교육기본법"이 개정된 것은 "헌법·교육기본법 체제"로 자리매김되어왔던 패전 후 교육의 전환을 상징적으로 나타내는 것이었다.

1947년도 "교육기본법"이 "교육칙어"를 중심축으로 한 패전 전의 국가교육에 대한 반성을 담아 국가권력이 개인에 개입하는 것을 억제한 반면, 신교육기본법에서는 개인에게 구속적인 규범을 매개로 국가가 설정한 교육 방향이 모두에게 미칠 수 있게 되었다. 신교육기본법에서는 패전 후 교육에서 국가와 개인의 관계를 재검토하는 것을 포함하여 교육정책에서의 국가의 역할을 제시했다.

구체적으로는 종합적으로 교육시책을 책정하는 국가의 의무와 권한이 규정되었고, 그에 근거하여 정부는 "교육진흥기본계획"을 책정했다. 자치체는 그것을 "참작"하여 자치체의 "교육진흥기본계획"을 책정하고, 그 실현에 책임을 지고 학교를 관리했다. 1947년 "교육기본법"에서는 국가의 역할이 교육의 "조건정비의무"에 한정되어 있었던 것에 반해, 신교육기본법에서는 교육의 내용이나 방법에까지 관여하는 것이 가능해졌다.

목표·평가 시스템의 도입

교육기본법 개정의 배경에는 행정지도 등의 사전 규제를 원칙으로 했던 국가의 교육정책이 규제완화와 목표·평가 시스템에 의한 통제를 특징으로 하는 교육정책으로 그 성격을 바꾸어가는 움직임이 있었다. 의무교육의 구조개혁 선언이라고도 할 수 있는 2005년의 "중교심" 답신 "새로운 시대의 의무교육을 창조하다"는 의무교육에 대해, 국가의 책임에 따른 투입input을 토대로 과정은 시정촌이나 학교가 담당하고 결과outcome를 국가가 책임지고 검증함으로써 교육의 질을 보증하는 교육 시스템의 구축을 제기했다.

여기서 학교는 "자주성·자율성의 확립을 위해 권한과 책임을 가

짐과 동시에, 보호자·주민의 계획·참여와 평가로 투명성을 높이고, 설명 책임을 다하는 시스템을 확립한다"고 하여 커리큘럼의 편성과 관련해 학교에도 상당한 재량이 부여되었다. "학습지도요령"이 도달해야 할 형태로서 목표를 명확하게 하고 평가는 전국 학력·학습상황조사나 학교평가로 실시해, 목표와 평가를 잇는 과정을 각 학교에 담당하게 하여 끊임없이 개선하도록 한다는 목표·평가 시스템을 축으로 한 틀을 만들었다.

학교는 "교육진흥계획" 아래에서 지역이나 가정으로부터 평가를 받으며 국가의 사후평가 또한 받는다. 그 과정에서 국가의 규제에 적응하고 있는지 여부도 고려해야만 했다. 학교는 과정과 사후의 평가를 받으면서 운영이나 실천을 담당하게 되었던 것이다.

2. 학력과 학교제도의 새로운 동향

학력관의 전환

여기까지 패전 후 순환형 사회로의 변화와 그에 대응하듯이 전개된 교육정책의 동향에 대해 살펴보았는데, 이와 병행하여 크게 변화한 것이 학력관學力觀이었다.

1980년대에 산업화에 대응한 과밀한 커리큘럼이 비판을 받자, "여유와 충실"을 내걸고 학습시간과 학습내용의 삭감이 이루어졌다. 학교의 자유재량 시간인 "유토리ゆとり(여유) 시간"을 도입한 것은

상징적이다. 그 후 넓은 의미의 유토리 노선이 4반세기 넘게 걸쳐 기조가 된다. 1989년에 고시된 "학습지도요령"에서는 "지식이 편중된 학력관을 고쳐 스스로 배우려는 자세로 사고력, 판단력, 표현력을 키우는" 교육을 내세웠다. "신학력관"이라 불리는 학력관을 제시한 것이었다.

그때까지 공통의 지식과 기능을 익히는 데 중점을 두었던 교육에서 "아이들이 스스로 생각하고 주체적으로 판단하고 표현할 수 있는 자질이나 능력의 육성을 중시하는 학습지도"로의 전환이 제시되었다.

"신학력관"이라는 명칭은 1991년의 지도요록 개정이 "관심·의욕·태도"를 평가의 최상위에 둔 관점별 학습평가를 내세움으로써 정착된 부분이 크다. 이 개정에서는 "풍요롭게 살아가는 힘"을 기르기 위한 관심·의욕·태도, 사고력, 판단력을 중시했다. 그와 함께 교사의 역할은 "지도"가 아니라 "지원"을 하는 사람으로 자리 잡았고, 최소한의 내용을 보장하는 식으로 아이들을 가르치기보다 아이들 곁에서 배움을 촉진해줄 것이 요구되었다. 소학교 1, 2학년생 과정에서 사회과와 이과를 폐지하고 생활과를 도입했고, 놀이나 체험 활동을 중시하여 "자신과 가까운 사람들, 사회 및 자연과의 관계에 관심을 가지고, 자기 자신이나 자신의 생활에 대해 생각하도록"(1989년 "학습지도요령") 지도할 것을 제시했다. 그때까지 "일본형 고학력"의 특징으로 여겨졌던 학생들의 수준은 높고 격차는 적지만 아이들의 학습의욕이나 관심이 낮은 문제를 극복하는 것이 과제로 여겨졌다.

　1996년의 제15기 "중교심"은 요청받은 자문에 대해 "21세기를 전망한 우리 나라의 교육에 대해: 아이들에게 '살아가는 힘'과 '유토리'를"이라는 답신에서 "살아가는 힘"의 육성을 앞으로의 기본 교육이념으로 내걸었다. 1998년, 1999년에 고시한 "학습지도요령"에서는 학교에서 완전한 5일제를 실시할 것과 교육 내용의 30퍼센트 삭감이 제시되었다. 아울러 교과 등의 틀을 넘어 횡단적·종합적으로 학습하는 "종합적인 학습시간"의 도입이 이루어졌으며, 각 학교가 자신만의 생각과 고민을 바탕으로 운용하는 것이 인정되었다. "유토리 교육"이 본격적으로 움직이기 시작한 것이다(**[표 3-1], [그림 3-1]**).

"유토리 교육"의 전환과 새로운 능력

"유토리 교육"에 대해 교육현장이나 보호자들은 "교육 내용 30퍼센트 삭감"을 비롯해 처음부터 일관되게 충분한 교육이 이루어질 수 있을지 불안을 가졌다. 이 목소리는 1990년대 말부터 보다 더 커졌는데, 그 배경에는 대학생의 "저학력 문제"나 학력의 계층격차론과 같은 문제 제기가 있었다. 그리고 그 이상으로 큰 영향을 미친 것이 OECD에 의한 국제학습도달도 조사 PISA Programme for International Student Asseement였다.

　PISA는 2000년부터 3년마다 실시하며, "독해력", "수학적 문해력", "과학적 문해력"의 세 분야에서 15세 학생이 그때까지 익힌 지식이나 기능을 실생활에 적용하는 능력을 측정해 공표해왔다. 포스트 산업화 사회를 향한 교육개혁은 선진국 공통의 과제였다. 선진 각국은 그 전제로 21세기를 새로운 지식·정보·기술이 정치·경제·문화를 비롯하여 사회의 모든 영역에서 활동의 기반으로서 비약적으로 중요성이 증대되고 있는, 이른바 "지식 기반 사회"(피터 드러커Peter Drucker)라고 파악한다. "지식 기반 사회"에 필요한 새로운 능력을 측정하려는 시도 중 대표적인 것이 PISA이다.

OECD에서 PISA와 함께 추진한 DeSeCoDefinition and Selection of Competencies 프로젝트에서는 국제적으로 공통된 능력 개념으로서 주요 능력key competency을 보여주고 있다. 여기에서는 글로벌 사회를 맞이한 신시대에 필요한 주요 능력을 다음 세 가지 틀 안에서 파악하고 있다. ① 언어·정보·기술 등 개개의 지식이나 기술을 상호 연결해 사용하는 능력, ② 타자와 관계를 맺거나, 팀 협동으로 일을 하거나, 대립을 해결하는 능력, ③ 장래에 대한 전망을 가지고 계획·실행하거나, 권리나 요구 사항을 주장하는 능력이다.

이것들 가운데 PISA가 파악하려고 했던 것은 ① 언어·정보·기술 등을 자유자재로 사용할 수 있는 능력인 문해력에 관한 조사이다. 문해력이란 일반적으로는 학교에서 익히는 읽기와 쓰기 능력을 가리키지만, 여기에서 말하는 문해력은 그것을 넘어 ②와 ③과 관련해 실제의 사회나 생활의 과제에 대응하는 지식이나 기능skill으로 파악한다. 그러한 의미에서 여태까지 PISA로 측정되어온 능력은 ①의 능력의 일부이고, 문해력은 단순한 지식을 활용하기 위해서만이 아니라 사회에 적극적으로 관여하기 위해 요구되는 능력이라는 점이 특징이다.

일본의 교육정책에 큰 영향을 끼쳤다고 여겨지는 것이 2003년에 실시한 PISA였고, 1위에서 6위로 떨어진 수학적 문해력을 비롯해 일본 순위의 급락은 "PISA쇼크"라고 하여 큰 논의를 불러일으켰다.

PISA의 수용

결과를 받아 든 문부과학성은 "중교심"에 "학습지도요령"을 재검토해달라는 자문을 요청했다. 그 답신을 받아 2008년, 2009년에 고시한 "학습지도요령"은 총 수업 수의 증가, "종합적인 학습시간"의 삭감 등을 담았다. 하지만 그 내용을 보면 지식·기능을 활용하여 과제를 해결하는 힘으로서 "활용력"을 키울 것을 요구한다. 이것은 PISA가 측정하려고 했던 능력을 반영하고 있고, 또한 "종합적인 학습시간"의 이념을 전 교과에 미치려는 것이라고도 볼 수 있다.

"유토리 교육"은 수업 시수나 교육 내용을 삭감함으로써 저학력을 야기했다는 비판을 받았다. 그러나 1989년의 신학력관 이후, "유토리 교육"은 인지능력뿐 아니라 대인관계 능력이나 태도 등도 포함하는 인간의 전체적인 능력을 사정권 안에 두는 포스트 산업화에 대응하는 자질을 기를 수 있다는 측면을 명확하게 하고 있다. 이 점은 "유토리 교육"으로부터의 노선변경이라 여겨지는 2008년 이후의 "학습지도요령"에서도 연속적으로 표명된다.

PISA가 측정하는 능력이 "일본형 고학력"처럼 일반적으로 받아들여졌고, PISA는 오히려 학력을 향상시키고자 하는 움직임을 선동하는 촉진제가 되었다. 새로운 시대에 필요한 능력이 강조되는 한편, 현실의 일본 사회에서는 아직 요소적이고 박학주의적인 학력에 대한 의존이 뿌리 깊게 남아 있었다.

경제 재활성화 정책의 일환으로 설립된 "인간력전략연구회"에서 "살아가는 힘"을 발전시켜 구체화한 것으로서 "인간력"의 육성이 구가되었다(2003년 "인간력전략연구회 보고서"). 이것은 사회를 구성하고 운영함과 동시에 자립한 한 사람의 인간으로서 힘차게 살아가기 위한 종합적인 힘이라고 여겨졌다.

DeSeCo의 주요 능력과 "인간력"은 내용적으로 유사한 것처럼 보이지만, "인간력"에는 "민주적 프로세스", "인권과 평화", "공평, 평등, 무차별", "생태계적 지속 가능성" 등에 대한 의식이 약하고, 이질적인 사람과의 교류, 대립이나 모순의 조정이라는 관점이 약하다고 마쓰시타 가요松下佳代는 지적하고 있다. 그것은 이질적이고 다양한 학생과의 교류의 기회를 좁히는 능력별 학급편성이 정책으로 추진되었던 점에서도 나타난다. 이처럼 PISA쇼크는 일본 사회에서 독특하게 수용되었다.

특별지원학교로의 이행

2006년의 "학교교육법" 개정에서 "특수교육제학교(맹학교, 농학교, 양호학교)"는 "특별지원학교"로, 소·중학교에 설치된 "특수학급"은 "특별지원학급"으로 명칭이 변경되었다. "맹·농·양호학교나 특수학급 등의 특별한 장에서 장애의 종류와 정도에 따르는" 교육을 한다는 종래의 생각으로부터, "장애가 있는 학생의 관점에서 학생의 특별한 교육수요를 파악하고, 필요한 교육적 지원을 하는" "특별한 교육"이라는 개념이 도입되었다.

이 시기, 정상화normalization의 진전이나 "아동권리조약"(1989) 비준에서 보듯이 아이들의 권리에 대한 인식이 심화되었다. 그중에서도 국제적으로 포괄적인 교육이념을 제창한 "살라망카Salamanca 선언"(1994)은 직접적인 영향을 끼쳤다. 여기에서 문화적·민족적 소수자, 경제적인 핸디캡 등과 함께 장애아가 대상으로 거론되었고, 특별한 교육수요에 대해서는 개별적으로 필요한 교육을 실시할 필요성이 제시되었다. "포괄적 교육"이라는 틀로 장애를 지닌 아이들의 수요에 맞는 교육을 실시하고자 했던 것이다.

살라망카 선언에서 보듯이 "특별수요교육"은 이념적으로는 장애를 지닌 아이들뿐만 아니라 학습에 어려움을 겪는 다양한 아이들에 대한 특별한 시책을 제언하고 있다. 하지만 이것을 "특별지원교육"으로 받아들인 일본에서는 여전히 대상이 장애를 지닌 아이들로 한정되었고, 시책 또한 택일적이라는 점이 문제라고 "일본특별수요교육학회"가 지적했다.

그중에서 보호자나 아이들 자신으로부터 각자의 장애에 대응한 교육을 요구하는 특별지원의 수요가 증가하는 새로운 상황이 생겨났다. 직접적으로는 자폐증, LD, ADHD 등의 발달장애가 2007년 이후 특별지원교육 대상에 추가된 것이 그 증가에 박차를 가했다.

발달장애에 대한 이해가 확산되고 지원교육에 대한 저항감이 약해 졌을 뿐만 아니라, 학력을 중시하고 집단 따돌림 문제가 빈번한 통 상 학급에 적응하지 못해 지원교육으로 옮겨 오는 사례도 증가했 다. 이에 더해 전문적 지식을 가진 교원이 부족하다는 지적 또한 등 장했다(《아사히신문》, 2014년 11월 11일 자).

대학입시의 재검토

일본의 학교 시스템에서 학교 간 연계는 입시에 의해 성립된 부분 이 크다. 학력시험이나 입시로 인해 학교 간 연계가 실질적으로 이 루어졌는데, 이는 일본에서 근대 학교 시스템이 구축된 때부터 의 도된 것이었다. 대학입시는 이른바 그 요체에 해당하고, 입시 질서 하에서 사람들의 열망을 환기시키고 시스템을 기능하게 하는 데 큰 영향을 끼쳤다. 그러나 이제는 그 대학입시도 기능부전이 지적 되고 있다.

패전 후 고교에서 대학 또는 단기대학으로의 진학률은 서장에서 본 바와 같이 1960년대에 10퍼센트였지만, 대학 설치 기준이 완화 된 20세기 말에는 과반수를 넘었다. 오늘날에는 입학자가 대학의 정원에 못 미치는 현상이 일어나, 일부 대학을 제외하고는 입시가 대학교육을 위한 사전의 학력 조정을 충분히 해내지 못하는 상황 이 되었다.

1998년에 "중교심"에 의뢰한 자문은 "초등중등교육과 고등교육 의 연계 개선에 대하여"였다. 그때까지 학교 간의 연계 문제는 수험경쟁의 과열과 그 대처를 기본 개념으로 삼고 있었는데, 이 자문은 대학교육과 중등학교 교육의 연계 문제를 새롭게 포착하고 있다. 실제로 대학 측도 입시에 관해서는 시행착오를 거듭하고 있었고, 대학의 커리큘럼 개혁으로 학력 보정을 위한 보습 교육이나 초년차 교육 등이 이루어졌다. 대학입시가 담당했던 고교와의 학력 조정을 입학 후에 대학이 커리큘럼을 통해 수행하도록 했던 것이다.

한편 대학입시 자체의 개혁도 논의되었다. 1955년 이후, 개별 대학에서의 학력시험을 중심으로 하던 대학입시에 공통시험이 도입된 것은 1979년의 국공립대학 입학 지망자를 대상으로 한 "공통 1차 시험(대학공통 제1차 학력시험)"이다. 1990년부터는 사립대학도 시험성적을 이용할 수 있는 "대학입시센터시험(대학입학자 선발 대학입시센터시험)"으로 변경되었다. 이 대학입시센터시험을 폐지하고, 2019년도 실시를 목표로 "고등학교 기초학력테스트"(가칭), "대학입학 희망자 학력평가테스트"(가칭)의 신설을 계획하고 있다.●

대학입시센터시험은 고교 단계에서의 기초적인 학습 달성 정도를 판정하는 것을 목적으로 하는데, "지식·기능"을 묻는 출제가 중심이고, 대학입학자 선발에서 요구되는 학력을 완벽하게 측정하지 못한다는 점이 지적되어왔다. 이에 대해 "대학입학 희망자 학력평가테스트"(가칭)에서는 지식뿐만 아니라 그것을 활용하는 능력을

● "중교심"의 답신 "새로운 시대에 걸맞은 고교−대학 연계의 실현을 위한 고등학교 교육, 대학 교육, 대학입학자 선발의 일체 개혁에 대하여"에 근거하여 계획되었고, 2021년 1월부터 "대학입학공통테스트The Common Test for University Admission"라는 이름으로 실시되고 있다. 독립행정법인인 대학입시센터가 실시한다.

묻는 시험 내용과 "합교과·과목형"이나 "총합형"의 시험과목 도입에 대해서도 논의되고 있다. 이것은 광범위한 난이도를 가진 것으로, 선발성이 높은 대학에서도 입학자 선발의 일부로 활용할 수 있도록 상정되어 있다.

한편 추천·AO입시의 일부가 본래의 취지와는 달리 사실상 학력 불문의 선발 형태로 되어 있는 문제에 대해 "고등학교 기초학력 테스트"(가칭)는 고교에서 익히는 학력의 질을 보장하고자 했다. 또한 대학입시센터시험이 고교 3년간 한 번밖에 기회가 없다는 비판에 대응하여, 두 테스트 모두 여러 번 수험을 할 수 있는 방안이 제안되었다(2014년 12월 중교심 답신).

진학을 둘러싼 새로운 동향

입학시험은 본래 여러 진학 방법 중 하나였지만, 일본에서는 입시 제도를 통해 진학하는 것이 유일한 방법으로 여겨졌다. 한편 유럽 대륙의 국가들에서는 "중등교육수료자격시험제도"에서 볼 수 있듯이 커리큘럼의 일정 기준 이상의 내용을 수득修得하는 조건으로 진급·진학을 인정하는 수득(습득)주의가 제도화되었다. 독일의 아비투어Abitur나 프랑스의 바칼로레아Baccalauréat처럼 중등교육의 졸업 자격이 그대로 대학입학 자격이 되는 것이다. 그에 비해 일본은 이수履修주의를 바탕으로 입시에서 입학에 합당한 학력을 판별하는 시스템이 정착되어 있다. 하지만 저출생 등으로 상급학교로의 진학이 용이해지고 입시(학력시험)가 기능하기 어렵게 된 현 상황에서 고교와 대학(또는 중학교와 고교) 쌍방의 교육 내용과 그 연속성도 함께 고려한 진학 방식이 중요한 과제로 떠올랐다.

그 일환으로 "고등학교 졸업 정도 인정시험(고인)"이 도입되는 등 중등교육을 거치지 않고 대학에 진학할 수 있는 길이 마련되었다. 현재에도 고교의 우회로로서 대학입학에 필요한 학력의 유무를 판정하는 대학입학자격검정(대검)이 있지만, 2005년도부터 도입된 "고인"으로 만 16세 이상의 대학입학 자격을 가지지 못한 사람 누구나 학교를 거치지 않고 진학할 수 있는 길이 제도화되었다. "고인"은 고등교육으로의 입학자격, 또는 특정 직업자격시험의 수험자격으로 필요한 학력을 증명하는 역할을 했다.

학교 간 진학 문제는 고교에서 대학으로의 진학뿐만 아니라, 고교 이하의 각 학교들에도 큰 과제이다. 중고일관교는 가장 일찍부터 정비되었고, 동일한 학교법인이 설립한 사립중학교 및 고교에서 자연스러운 연계를 의도했다. 그리고 1998년의 "학교교육법" 개정에서 중학교에서 고교에 상당하는 교육을 일관적으로 실시하기 위해 단일 학교로서 "중등교육학교"가 탄생했다. 중등교육의 다양화를 도모한 이 개정 이후 공립 중고일관교가 증가하고 있다. 그 배경에는 학교에서 주5일제가 실시된 데 대한 대응이거나, 중·고교 교육 내용의 중복을 없애고 보다 효율적인 커리큘럼 편성을 추구한 움직임이 있었다.

3. 자명성에 대한 되물음

대중소비 사회와 정보화 사회

포스트 산업 사회로의 변화와 그에 따른 교육정책의 전환은 필연적으로 학교를 크게 변화시켰다. 아이들이 처한 생활세계도 크게 변화하는 가운데, 자명했던 학교의 기반이 1990년대 이후 크게 동요했다.

> 보통의 아이들이 수업 중에 읽으려고 만화를 사서 등교하고, 쉬는 시간이 되면 실내화를 신은 채 가까운 편의점에서 군것질을 하고, 지각도 조퇴도, 도중에 수업을 빠져나가서 다시 돌아오는 "땡치기"도 자유롭게 하고, 당연하다는 듯이 교내에서 흡연을 하고, 특별히 잘못됐다는 생각도 없이 다른 친구의 자전거를 타고 집으로 간다 ("The 중학교 교사, 아이들이 이상하다ザ・中学教師 子どもが変だ", 『별책 다카라지마別冊宝島』129, 1991).

이 서술은 사이타마현의 공립중학교에 근무하는 교사들이 1980년대 후반부터 1990년대 초에 걸쳐 간행한 "The 중학교 교사"라는 시리즈에서 인용한 것인데, 일련의 "보통의 아이들"의 모습과 그에 따른 교실의 변화를 묘사한 생생한 보고로 주목을 받았다.

1980년 전후 중학생을 중심으로 한 교내 폭력이나 교사에 대한 폭력, 그리고 그 후의 집단 따돌림이나 등교거부(부등교不登校) 문제

등은 입시의 중압이나 억압적인 관리교육이라는 학교 고유의 문제로 인해 일어났을 뿐만 아니라, 대중소비 사회나 정보화 사회가 출현해 발달해가는 과정에서 아이들의 생활에 변화가 일어났음을 보여준다.

나카니시 신타로中西新太郎는『사춘기의 위기를 살아가는 아이들思春期の危機を生きる子どもたち』(2001)에서 아이들의 성장환경이 "진자형 성장 모델"에서 "트라이앵글형 성장 모델"로 이행했다고 파악한다. 고도성장기까지는 지역·가정과 학교의 왕복이 아이들의 성장의 축이 되는 "진자형 성장"이었던 것에 반해, 고도성장기 이후는 지역·가정, 학교, 소비문화 사회의 삼자를 성장의 축으로 한 "트라이앵글형 성장"으로 바뀌었다고 본 것이다. 성장의 이른 시기부터 소비문화를 접하고 컴퓨터, 휴대전화 등의 보급에 따른 정보화 사회에서 자라난 아이들이 그대로 학교를 다니게 되면서 그때까지 그러한 소비나 정보로부터 거리를 두고 "가르치고-배우는" 것에만 특화되어 있던 학교 공간이 흔들리게 되었다. 이미 과잉의 정보나 지식을 접한 아이들은 학교 지식에 특별한 의미나 가치가 있다고 느낄 수 없게 된 것이다.

대중소비 사회나 고도정보화 사회의 영향력은 갈수록 커졌다. 물건이나 서비스를 소비하는 것이 자기의 정체성이라 느끼고 타자와 동일한 처우를 기피하거나 장래를 위해 지금 참고 사는 것에 가치를 두지 않는 사람들이 많아지면서, 그것과는 반대의 가치를 지닌 학교의 규범이 느슨해졌다. 또한 고도정보화 사회는 시간과 공간의 제약을 받지 않고 인간관계를 만들기 때문에 사람들과의 연결은 더욱 유연해졌고, 이에 따라 학습을 위해서만 조직된 학교라는 엄격한 공간의 특수성이 더욱 뚜렷이 부각되었다.

학교에 가둬두는 것의 어려움

산업 사회 때부터 앞장서서 문화의 방파제를 쌓아 올렸던 학교도 1990년대에 들어서면서 그 역할을 유지할 수 없게 되었다. 아이들을 "가르치고-배우는" 관계에 묶어두었던 학교문화가 크게 흔들렸고 "배움으로부터 도주"(사토 마나부)라고도 할 수 있는 상황이 진행되었다. 후지사와시에서 1965년대 이후 5년마다 실시해온 시내의 중학교 3학년생들에 대한 학습조사에서는 1965년부터 2005년까지 40년의 기간 동안 하루 중 평균 공부 시간이 "매일 2시간 이상"인 사람이 20.8퍼센트에서 7.8퍼센트로 떨어졌고, 한편 "거의 공부하지 않는다"는 사람은 1.6퍼센트에서 14.1퍼센트로 증가했다. "공부에 대한 의욕"에 관한 문항에서는 "더 공부하고 싶다"가 65.1퍼센트에서 24.8퍼센트로 떨어지고 "공부를 더 하고 싶지 않다"가 4.6퍼센트에서 23.1퍼센트로 증가한 것을 보면 아이들이나 그 환경의 변화가 명확하게 드러난다(2010년에 실시한 "제10회 학습의식조사 보고서: 후지사와시립중학교 3년생의 학습의식").

학교문화로부터 떨어져 나와 소비문화로 편입된 아이들이 그대로 자유롭고 해방된 세계를 실감한 것은 아니다. 생애의 업적을 중시하는 사회로부터 아이들이 자유로워진 것은 아니기 때문이다. 그렇지만 일본형 순환 사회의 사이클이 충분히 기능하지 않고 학교-기업의 경로가 불안정해진 가운데, 압도적이었던 학교의 영향력은 그 힘을 계속 상실해가고 있다. 학교문화와 정보·소비 사회가 서로 부딪치며 후자가 전자를 넘어서는 과정에서 아이들을 학교에 가둬두는 것이 힘들어졌다. 1990년대에 다양한 문교정책 문서에서 표명되었던 "자기 찾기"나 "개성화론"도 기본적으로는 아이들의 생활의 변화에 대한 대응이라는 측면을 강하게 지니고 있었다고 할 수 있다.

"학급"의 동요

1990년대에 "학급붕괴"라 불리는 상황이 세상에 널리 보고되었다. "아이들이 교실에서 교사의 지시를 따르지 않고 제멋대로 행동"해서 "수업이 이루어지지 않고 학급담임의 통상적인 방법으로는 문제를 해결할 수 없는 상태"를 가리킨다. 학급붕괴는 1990년대 초에 이미 나타났다는 보고도 있지만, 최초 보도로는 1997년의 니혼TV 《도큐먼트97ドキュメント97》의 〈학급붕괴〉였고, 그 이후 각 신문에서도 다루게 되었다.

학급붕괴로 이어진 문제 중 하나로 "소1 문제"가 있다. 소학교에 입학한 후 학교생활에 자연스럽게 녹아 들어갈 수 없는 아이들의 숫자가 증가하고 있는 상황을 가리킨다. 즉 ① 집단생활을 할 수 없고 ② 수업 중에 앉아 있지를 못하며 ③ 선생님의 이야기를 듣지 않는 등 학교생활에 적응하지 못한 상태가 계속되는 것이다. 도쿄학예

대학이 2007년에 실시한 조사에 따르면 전국의 20퍼센트 지역에서 "소1 문제"가 나타나고 있다(2010년 도쿄학예대학 "소1 문제" 연구추진 프로젝트 연구성과 발표). 놀이를 통한 정보교육이나 커뮤니케이션 능력의 육성이 중심인 유치원·보육원에서 학습 중심의 소학교로의 환경변화에 대응할 수 없는 아이들이 늘어나고 있는 점이 지적되었다.

한편 집단 따돌림 문제가 일어나는 원인을 학급의 공동체 관계 그 자체에서 찾아야 한다는 지적이 있다. 현행 학급제도는 "사이좋게 지낼 것"과 "배우는 것"이 강제적으로 짝이 되어 있다고 파악하고, 강제적인 집단생활로 개성이 발휘되지 못하고 반복적인 집단학습으로 일상적인 억압이 이루어지고 있다는 것이다. "스쿨 카스트"라고 불리는 학생들의 특수한 상하관계에 기초한 질서의 형성도 하나의 표지라고 본다. 공동성을 기반으로 삼아온 패전 후의 학교의 토대가 흔들리고 있다는 것은 학교에서 일어나는 집단 따돌림 문제나 자살 사건 등을 보더라도 충분히 알 수 있다. "'농밀함'에 부화뇌동하는"(나이토 아사오^{內藤朝雄}, 『집단 따돌림의 구조^{いじめの構造}』) 학급의 독특한 공간성에 대해 되물어야 할 필요성도 제기된다. 동질성을 전제로 한 학교가 아주 작은 차이로 타자를 배제할 수 있는 억압적인 장이 되었다는 지적이다.

교육에서의 집단주의는 경제대국을 지탱했다는 점에서 외국으로부터 높은 평가를 받고 일본 학교의 토대를 만들었지만, 이제는 그 기반에 있던 학급의 존립 자체에 의문이 제기되었다.

등교규범의 동요: 부등교

장기결석자는 1980년대 중반부터 증가하는 경향이 강해졌고, 특히 중학교에서는 1990년대 이후 그 숫자가 더욱 증가했다. 그중 다수는 "학교가 싫다"는 이유로 결석한 학생들(통계상의 "등교거부" 학생)이다.

이러한 "등교거부" 학생의 증가에 대해 문부성이 설치한 전문가회의가 1992년에 제출한 보고에서는 "등교거부는 어떤 아이에게도 일어날 수 있다"(학교부적응대책조사연구협력자회의 "등교거부(부등교) 문제에 대해")라는 견해가 제시되었다. 그로 인해 "등교거부"는 일부 아이들의 특수한 문제가 아니라는 것을 공적으로 인정받게 되었다.

이와 같은 움직임과 함께 "등교거부"를 대신해 "부등교不登校"라는 용어를 사용하게 되었다. "등교거부"라는 말은 정신의학이나 임상심리학 영역의 전문용어에서 유래했고, 아이들이나 가정의 병리현상이라고 보는 방식이다. 또한 "거부"라는 말에는 주체적인 판단으로 "학교에 가는 것을 중지한다"는 의미가 있고, 학교의 존재를 묻는 방식이기도 하다.

이에 반해 "부등교"는 "학교에 가지 않는다·가지 못한다"는 상태를 나타내는 것이고, 결석행위에 대한 가치판단을 하지 않는다는 점이 특징이다. "학교에 가지 않는" 것을 문제로 삼는 방식에 거리를 두고, 다양한 입장에서 아이들의 결석에 대해 논의하는 것이 가능해졌다고 할 수 있다. "등교거부"를 대신하여 "부등교"라는 말이 선호되는 사회 변화의 배후에는 "누구라도 학교에 가야 한다"는 등교 규범의 동요를 볼 수 있다.

2000년대에 들어서면 부등교 학생의 발현율은 3.5퍼센트 정도로 일정하다. 하지만 등교 규범이 점차 동요하는 것에서도 알 수 있듯이, 그것이 부등교 학생의 증가에 제동이 걸렸다는 것을 의미하는 것은 아니다. 이미 1992년에는 문부성 통달에 의해 민간의 프리스쿨에 다니는 것도 등교라고 인정되는 등 출석에 대한 지극히 탄력적인 조치가 이루어졌다는 것을 생각할 필요가 있다. 뒤에서 언급하는 "적응지도교실"(교육지원센터)로 다니거나 보건실로 등교하는 등 "결석"과 "출석"의 울타리가 모호하게 되어가는 경향은 점점더 확산되고 있고, 2005년에는 자택에서 인터넷 등을 활용한 학습지도도 "지도요록"에서 출석으로 취급하게 되었다.

학교에서도 아이들의 변화에 대해 다양한 대응을 하고 있다. 보건실의 대응이나 스쿨 카운슬러, 스쿨 소셜워커의 도입이 그 예지만, 그 대상자를 포함해 등교에 관해 무언가 도움을 필요로 하는 아이들의 숫자는 계속 증가하고 있다고 할 수 있다.

대안학교의 제도화

부등교 현상에 대응하기 위해 학교교육법에 정해진 주류의 "일조교"를 대신하는 대안학교alternative school가 1990년대 이후 대폭 증가했다. 그 전체 실태를 파악하는 것은 어렵지만, 기쿠치 에이지菊池英治·나가타 요시유키永田佳之의 조사에 따르면 대안학교는 1960년대부터 증가하기 시작하여 1980년대 전반에 급증했고, 그 후 계속해서 보합세를 보인 후 1990년대에 다시 증가하고 있다. 1980년대 후반부터는 부등교 학생의 보호자가 프리스쿨이라 이름 붙인 임의 단체를 설립하고, 그 후 안정된 운영을 위해 NPO법인으로 운영 형태를 전환하는 움직임이 나타났다.

1990년도에는 문부성이 학교생활로의 복귀를 지원하는 "적응지도교실" 사업을 도도부현에 위탁하고, 시정촌의 교육위원회가 장기결석 중인 소·중학생을 대상으로 학습 원조를 했다. 또한 1990년대에는 부등교 부모들끼리 만든 자조단체인 "부모모임親の会"을 중심으로 하는 프리스페이스가 급증했다. 민간시설에 등교하더라도 출석으로 공인되는 등 행정기관에 의한 프리스쿨을 포섭하는 움직임이 있었고, 또한 아이들의 자기결정이나 당사자성을 존중하여 프리스쿨을 적극적으로 평가하는 논의도 일어나는 등 그것을 뒷받침하는 사회변화가 있었다.

그러나 프리스쿨은 정규교육기관이 아니라 졸업하더라도 정식 학력을 획득할 수 없었고, 정규학력을 획득하기 위해서는 어디까지나 원적의 학교에 적을 두면서 프리스쿨을 다니는 이른바 이중학적이 요구되었다.

이와 같은 상황을 해소하기 위해 2002년에 문부과학성이 제시한 학교에 관한 규제완화인 "구조개혁특별구역제도"(특구)를 이용하여 학교 교육의 틀 안에서 프리스쿨의 독자적인 이념을 실현하려는 움직임이 등장했다. 특구의 적용에 의해 "학습지도요령" 규정의 완화, 출석 취급기준의 변경, 학교 설립조건의 완화 등을 가능하게 하자 프리스쿨은 다양한 형태로 확산을 보였다. 왕 메이링王美玲은 그 유형을 행정기관이 운영하고 "학습지도요령"의 완화가 이루어진 "공교육형", 프리스쿨을 행정기관이 연계하는 "관민일체형", 광역통신교육을 통한 "광역통신형", 그리고 학교를 지원하는 입장에서 IT 등을 활용한 학습활동을 하는 학교보완형의 "거처형"으로 분류하고 이들의 동향을 정리했다.

외국 국적의 아이들과 학교

일본의 공립 소·중학교에는 2010년 시점으로 약 7만 5,000명의 외국인 학생이 취학하고 있다.

"재일한국·조선인"(재일코리안), "화교", "재일중국인"이 올드커머 old comer라 불리곤 하는데, 이에 대해 "뉴커머new comer"라 불리는 사람들이 대거 입국하게 된 것은 1970년대 후반부터이다. 1980년대 후반 이후에는 비정규 외국인노동자나 브라질 등으로부터 건너온 닛케이진日系人 노동자, 그리고 일본인과의 국제결혼 등으로 인해 일본으로 이주하게 된 외국인이 급속도로 증가했다.

외국 국적 아이들의 교육 기회에 관한 문제는 "국민을 키우는" 것을 전제로 했던 "일본의 학교"의 근간과 관련된 문제이다. 현행 제도에서는 일본에 체류하는 외국 국적의 아이들은 교육을 받을 권리가 보장되어 있지 않고, 어디까지나 일본의 학교에 통학을 희망하는 경우에 "시혜적으로" 일본인과 마찬가지로 취급한다는 것으로 되어 있다. 따라서 불법체류 등 보호자의 사정으로 학교 교육

을 받을 수 없는 아이들도 다수 있다고 추측된다. 이와 같은 외국 국적의 아이들은 원래 일본 학교에 학적이 없기 때문에 등교하지 않아도 결석이 되지 않았고, 학교 문제로 인식되기 어려웠다. 하마마츠시에 살고 있는 일계^{日系} 브라질인 청년들을 추적한 다큐멘터리 영화《고독한 제비들: 해외에서 돈벌이하는 사람의 아이로 태어나^{孤独なツバメたち―デカセギの子どもに生まれて}》(2013)에는 "중학교를 중퇴한" 젊은 이의 실태가 묘사되어 있다.

또한 외국 국적의 사람들이나 그 아이들을 대상으로 한 브라질인 학교 등 "외국인학교"는 지금까지 학교 시스템 안에 속해 있지 않고, 제2장에서 서술한 것처럼 조선학교에 대해서는 정부의 부정적인 입장이 계속되고 있다. 뉴커머는 가족의 의향, 단기체류인지 장기체류인지에 따라 교육적 수요가 다르지만, 장기체류하면서도 일본의 공·사립학교나 수업료가 고액인 외국인학교를 선택하지 않거나 선택할 수 없는 아이들은 부등교나 비취학이 되는 경우도 많았고, 외국인 전용의 프리스쿨, 야간학교에서 학습을 계속하는 예도 있었다. 뉴커머의 교육에 관해서는 하마마츠 다문화공생사업실 행위원회에 의한 외국인 비취학 아동을 제로로 하는 사업(2011)이나 1990년대 이후의 군마현 오이즈미마치가 시행한 외국 국적의 아이들에 대한 적극적인 활동이 알려져 있기는 하지만, 보통은 외국인 주민이나 지역주민들이 목소리를 낼 때만 행정이나 학교가 대응하는 상황이다.

4. 학교 내부의 움직임

보금자리로서의 학교

오늘날 학대나 방치 등을 경험한 아이, 학교에 적응하지 못하는 아이, 집단 따돌림을 당한 아이, 발달장애를 가진 아이, 자해행위 등 정신건강 치료를 필요로 하는 아이 등 다양한 어려움이나 상처를 안고 있는 아이들이 학교를 다니고 있다. 이러한 아이들이 생긴 배경에는 정보화의 진전, 가치관의 다양화나 생활양식의 변화 등이 있지만 개별 사정으로 인한 문제도 크다. 가정의 경제적인 문제가 배경에 있는 경우에는 부모의 빈곤이 아이들에게 연쇄적으로 작용하는 문제가 드러났다.

1990년대 초의 거품 경기의 붕괴와 2008년의 리먼쇼크의 타격으로 일하면서도 필요한 수입을 얻을 수 없는 취업자(워킹 푸어)가 생겨나는 등 빈곤 문제가 크게 부상했다. 아베 아야阿部彩가 지적하듯이 아이들의 빈곤율을 알 수 있는 단서 중 가장 신뢰성이 높은 데이터는 "취학원조비"의 수급률일 것이다. 취학원조비 제도는 급식비, 학용품비, 수학여행비 등 저소득층 세대 아이들의 의무교육에 드는 비용을 국가와 자치체가 지원하는 것이다. 이 수급률은 2012년도에 15.6퍼센트가 넘었다(문부과학성 "헤이세이平成24년도 요보호 및 준요보호 아동생도 수에 대하여[학용품비 등]"). 의무교육학교에 다니는 아이들의 빈곤율이 여섯 명 중 한 명의 비율로 확산되고 있음을 보여준다.

이러한 가운데 2000년 이후 빈곤이나 생활의 어려움으로 인한 아이들의 결석이 다시 주목을 받게 되었다. 장기결석 학생 중에는 빈곤이나 생활 곤란으로 인해 학교 가는 것을 단념하는 "탈락형 부등교"(호사카 토오루保坂亨,『학교를 결석하는 아이들学校を欠席する子どもたち』)가 학년이 진행될수록 증가하는 경향이 분명하게 드러났다. GDP 대비 학교 교육비의 비율에 대한 OECD의 조사에서 일본은 장학금 제도 등 교육에 대한 공적 지원을 비롯하여 공적 지출의 비율이 다른 선진국에 비해 최저 수준에 있다는 것이 밝혀졌다(OECD,『도표로 보는 교육 2013년 판』).

경제적인 면뿐 아니라 다양한 어려움을 지닌 아이들에 대한 대응이라는 과제는 학교에서의 교육실천에 큰 영향을 끼쳤다. 제3장에서 다루었던 전생연의 "민주주의의 훈련"도 1990년대를 맞아 민주주의적인 집단의 형성이라는 목적은 변하지 않았지만 아이들의 대응이라는 측면에서는 큰 전개를 이루어냈다.

1990년, 1991년에 제시된 전생연 상임위원회의『신판 학급집단 만들기 입문新版 学級集団づくり入門』(소학교 편, 중학교 편)에서는 "공감", "대화"를 통해 아이들을 인정하는 것이 생활지도의 기반이 되었고, 2000년대에 나온 텍스트『아이들 집단 만들기 입문子ども集団づくり入門』(2005)에서는 "아이들에게 '보금자리居場所'가 되는 집단이 무엇보다 소중하다"고 했다. 생활지도 실천에서는 아이들의 인격을 형성하고 관계 만들기 능력을 키우는 것을 전제로 아이들끼리 기본적인 관계성을 만드는 것이 중요하고, 이에 따라 공감을 가지고 타자를 대하

는 돌봄 의식이 필요하다고 지적했다.

보건실의 역할

패전 후에도 "양호를 담당하는 교원"(학교교육법)으로 통상적인 수업은 하지 않는 양호교사가 배치되었다. 패전 전의 "위생실"이라는 명칭은 1950년대 초까지 사용되곤 했지만, "학교보건법"(1958)에 의해 "보건실"로 규정되었다. 보건실에는 양호교사가 상주하고, 양호교사는 아이들의 심신 건강상태를 파악하는 역할을 했다.

보건실의 기능은 후지타 카즈야藤田和也의 정리를 따르면, 상처나 급병에 대한 응급 "처치실", 신장이나 체중, 시력 등의 "측정실", 몸 상태가 좋지 않은 아이들의 일시적 "휴양실", 건강 상담 등의 전통적 기능을 비롯해 여러 가지 고민에 대한 "상담실", 몸이나 건강에 대한 "학습실", 보건위원이나 아이들의 "활동실" 등으로 이루어져 있다. 그리고 오늘날에는 무언가의 이유로 교실에 있기가 괴로운 아이들의 일시적 "피난실", 휴게시간에 훌쩍 들르는 "담화실" 등의 요소도 부가되어 있다. 또한 교실에는 갈 수 없지만 보건실에는 등교할 수 있는 아이들에게 등교 원조도 행하고 있다.

등교해서도 교실에 가지 않고 보건실에서 지내거나 학교생활의 거점을 보건실에 두는 상태의 이른바 "보건실 등교"가 양호교사를 중심으로 한 학교보건 관계자 안에 자리 잡은 것은 1980년대 중반이라고 하며, 이 동향은 부등교의 증가와 부합하고 있다. 부등교 아이들에 대해 시행착오를 거듭해 대응하던 가운데, 보금자리를 찾는 아이를 보건실이 받아들여온 것이고, 보건실 등교가 "등교"로 간주되는 토양을 만들어냈다.

"팀 학교"로의 움직임

교사가 학교에서의 교육과 관련된 모든 업무를 혼자서 도맡아온 상황에 대해 외부의 전문성을 학교에 적극적으로 도입하여 교직원의 역할분담이나 연계방식을 다시 생각하는 움직임도 일어났다. 스쿨 카운슬러나 스쿨 소셜워커의 도입은 그 대표적인 예이다.

스쿨 카운슬러는 학교 내에서 상담(카운슬링) 등의 전문적인 활동을 하는 임상심리사 등의 심리학 전문가인데, 1995년에 문부성으로부터 "스쿨 카운슬러 활용조사연구위탁실시요강"이 제출된 것을 계기로 학교 현장에 파견되었다. 이들을 도입하면서 그때까지 학교의 교직원을 중심으로 이루어져온 상담 활동에 카운슬러가 하는 "치료"가 더해져 상담 체제가 충실해졌다. 이로 인해 고민이나 문제를 안고 있는 아이들이나 보호자에 대한 충실한 대응이 기대되었고, 그때 "지도"와 "치료"라는 다른 목적을 가진 교사와 카운슬러가 어떻게 연계할 것인가가 과제로 남았다.

또한 일본에서는 1980년대 중반부터 스쿨 소셜워커의 필요성이 제창되어 2008년도부터 문부과학성에 의한 활용사업이 개시되었다. 스쿨 소셜워커는 이미 살펴본 아이들의 심각한 상황이나 일상생활 중에 만나는 여러 가지 어려움을 아이들 측에 서서 해결하기 위한 지원 시스템이다. 지원의 내용은 문제를 안고 있는 아이들이나 그 보호자에 대한 필요에 따른 상담, 학교관계자에 대한 대변, 당사자의 관점에서의 정보 제공, 인간관계의 갈등에 대한 중립적인 입장에서의 조정, 원조에 필요한 사람이나 집단을 맺어주는 중개, 원조가 필요한데도 스스로 원조를 구하지 않는 아이를 위한 가정 방문이나 학교 교직원에 대한 조언과 상담 등 여러 가지 영역에서 조정을 담당했다.

교육과 복지라는 다른 전문직 간의 업무·역할의 조정이나 연계는 결코 간단하지만은 않다. 20세기 초에 미국에서 아이들의 구제 지원에 임한 방문교사visiting teacher(스쿨 소셜워커의 전신)나, 1950년 전후에 특정 학교에 적을 두고 가정·지역을 방문하거나 관계기관과의 조정에 임했던 고치현의 복지교원에 대한 구라이시 이치로倉石一郎의 연구는 그 역사를 잘 보여준다.

이에 더해 영양교사 제도를 창설(2005)하거나 학교 사서를 법제화(2015)하는 등 외부로부터 자격을 가진 전문 스태프를 영입해 적극적으로 학교에 배치했고, 다양한 전문성과 연계하여 "팀 학교"로서 학교조직 전체를 지탱하려는 움직임이 보다 더 많이 추진되고 있다(중교심초등중등교육분화회의 작업부회). 이 움직임은 교사의 전문성이나 직무 분담에 대한 재검토를 포함한 것이다. 학교를 지탱하는 전문직과의 관계는 점점 더 복잡해질 것이며, 전문직과의 협동과 조정은 앞으로 중요한 과제가 될 것이다.

교사의 전문직성

다양한 전문직이 학교에 배치되자 그 안에서 교사의 역할이나 교사의 전문성에 관해 새삼 묻게 되었다. 교사의 전문성은 교육활동에 관한 고도의 지식이나 기능으로만 인정하는 것이 아니라 사회로부터 전문성을 인정받고 신뢰나 지위를 부여받을 필요가 있다. 이처럼 사회와의 관계에서 전문직을 보는 개념이 전문직성이다. 이 개념에서는 사람들이 무엇을 기대하는가에 따라 "전문성"을 재정의한다. 1990년 이후, 신자유주의적인 교육개혁이 진행되던 중에 교사의 전문직성에 대한 물음이 부각되었다.

그 배경에는 학교, 교사, 교육위원회 등 이른바 교육의 전문직이 집단 따돌림 같은 학교 안에서 일어난 일을 자의적으로 처리하는 것이 아닌가 하는 의심이 숨어 있었다. 학교교육의 질을 보장하기 위해 신자유주의에 의한 교육개혁이 표방하던 목표-평가 시스템은 아이들과 가정, 지역으로부터 학교교육에 대한 불신과 불만을 사고 있었던 것이다.

이와 같은 상황을 맞아 교사는 이제 자신의 전문성을 사회에 보여주어야만 했다. 그중에서 새롭게 학교를 구성하는 전문직에게 어떻게 대응할 것인가라는 과제는 아이들이나 가정 그리고 지역주민들도 포함해 "학교 이해 당사자"의 목소리를 반영하면서 보다 넓은 시야로 보는 것이 중요하다. 그러한 과제에 적극적으로 대면하는 교사를 "민주주의적인 전문직성"(G. Witty)이라고 총칭할 수 있다.

5. 학교 지식을 둘러싼 새로운 전개

시민성 교육과 "종합적인 학습시간"

일본의 학교 커리큘럼은 교과와 특별활동 등의 교과외로 구성되어 있다. 학교 커리큘럼의 가장 중요한 부분을 차지하는 교과는 전하고자 하는 문화재를 분할·총합해서 만들어낸 학교지식을 축으로 이루어진다. 교과를 중심으로 한 인간 육성 방식은 그것만으로 실제의 사회에서 살아갈 수 있는 능력을 함양할 수 있는지에 항상 의문을 가졌다. 21세기에 들어서도 교과를 바탕으로 한 가르침의 체계가 아이들의 배움을 제약하고 실천력을 키울 수 없다는 담론이 반복되었고, 교과의 종합화(총합교수·학습)에 가치를 두었다.

앞에서 말한 바와 같이 1998년과 1999년에 고시된 "학습지도요령"에서 교과의 틀을 벗어난 횡단적·종합적인 학습을 표방해 "종합적인 학습시간"이 도입되었다. 학교·가정·지역과의 연계를 내걸고 학년의 틀에 사로잡히지 않는 다양한 형태의 체험학습이나 문제해결학습을 실행하는 식으로 여태까지의 커리큘럼의 틀에 수정을 가했다.

또한 고다마 시게오小玉重夫는 "시민성citizenship 교육"이라는 관점에서 "종합적인 학습시간"에 주목하고 있다. 시민성이란 "민주주의 사회의 구성원으로서 자립적인 사고와 판단을 하고, 정치나 사회의 공적인 의사결정에 능동적으로 참가하는 자질"을 나타내는 개념이다. 이러한 자질을 키우고자 하는 것이 시민성 교육이고, 각 교과의 시민성과 연결되는 내용과 조합해 교과를 횡단하여 학습하는 장으로서 "종합적인 학습시간"이 의미를 가진다. 이로써 시민으로서의 사고력이나 판단력을 길러 실제로 행동할 수 있는 "활용력"을 키우는 것이 유효한 목표이다.

한편 "종합적인 학습시간"은 가정의 문화적인 계층성이 반영되기 쉽다. 학교에 친화적인 중간층은 적극적으로 이 시간을 이용할 수 있지만 빈곤층은 활용할 수 없다는 가루야 다케히코苅谷剛彦의 보고도 있고, 계층적인 차이를 확대한다는 지적도 있다. 또한 혼다 유키는 "종합적인 학습시간"이 개인의 내면과 관련된 의욕이나 창조성 등을 양성하는 것이라 보고, 학교 교육이 그러한 영역에 직접적인 역할을 하는 것이 옳은지 묻고 있다.

학교 교육을 지탱하는 미디어

1920년대 일본의 학교는 독자적인 교육방법인 "생활작문"을 실시했는데, 그 배경에는 연필과 종이가 널리 보급되었다는 점이 있다. 오늘날 학교에서는 그에 이어 미디어 혁명이 진행되고 있다.

20세기에는 학교를 구성하는 조건이 칠판이나 공책이었다면, 이제는 ICT(정보통신) 기술을 활용한 디지털 교재, 전자칠판, 태블릿 단말기나 인터넷 정보 등의 기술이 학교에 도입되고 있다. 말할 나위도 없지만, 이것들은 폭넓은 정보를 순식간에 이용할 수 있는 등 정보의 수집이나 공유, 발신, 그것을 전제로 하는 학습자끼리의 상호작용을 중시한 교육, 자주적·주체적인 학습을 촉진하는 등 이점도 많다. 한편 여태까지의 학습으로 길러진 능력을 어떻게 보장할 것인가의 문제나 사고방식의 차이 등 그 영향이 밝혀지지 않은 부분도 있다. 장단점을 모두 고려한 대응이나 활용이 과제로 여겨지고 있다.

ICT 기술의 도입은 새로운 수업 형태를 불러일으켰다. 그중 하나가 "반전학습"이다. 반전학습이란 학생이 자택에서 영상수업 등으로 새로운 내용을 미리 학습한 후, 교실에서는 자택학습에서 얻은 지식을 바탕으로 문제를 풀거나 논의하는 식으로 진행하는 형태의 수업이다. 교과에 따라서는 학생은 자택에서 자신의 페이스에 맞추어 학습에 임하는 것이 가능하고, 교사는 학교 수업 시간에 설명 시간을 줄임으로써 한 사람 한 사람에게 자세하게 대응할 수 있는 등의 장점이 있다고 평가된다. 한편 저학년일수록 보호자의 협력이 필요한 점, 경제적인 부담, 교사의 기술 문제 등 극복해야 할 과제도 많다.

커리어 교육에 대한 주목

1990년대 이후 기업의 고용전략의 전환과 그것을 뒷받침하는 노동력의 유동화 정책으로 인해 졸업 후에 바로 정사원으로 취직하는 것이 어려워지는 등 학교로부터 기업 사회로의 연계가 불안정해졌다. 이에 따라 교육 시스템과 직업 시스템과의 연계를 조정할 필요가 생겨났다.

1999년의 "중교심" 답신 "초등중등교육과 고등교육의 연계 개선에 대하여"는 초등중등교육(소중고)과 고등교육(대학)의 역할 및 연계 방식을 검토하는 가운데 "커리어 교육"을 실행하는 계기가 되었다. 커리어 교육은 커리어의 원뜻인 인생의 흐름을 상정한 교육인데, 교육운동이나 실천의 장에서는 지금까지 의식되어왔지만 정책 수준에서는 새로운 전개라고 할 수 있다. 단적으로 말하면, 진로지도 개혁이 편차치에 의한 진로지도의 왜곡을 시정하는 것에 최대의 역점을 둔 것이라면, 이제는 젊은 층의 고용문제에 대한 대응으로 이행했다고 할 수 있다.

2003년 내각부·후생노동성·경제산업성 및 문부과학성의 4개 부처에 의한 "청년 자립·도전 전략회의"가 발족했고, 정부 부처를 횡단하는 청년정책이 본격적으로 전개된다. 문부과학성의 커리어 교육정책에서는 다양한 청년 취업 지원책을 비롯한 정부의 청년정책의 일환으로 근로관이나 직업관의 양성을 중심으로 소중고교를 관통하는 커리어 교육을 실시하고, 청년 취업 문제에 대응하는 것을 주요한 과제로 여겼다. 구체적인 방책으로 직업체험학습이나 인턴십의 의의가 강조되었는데, 그중에서도 중학교에서의 직업체험학습이 중점적으로 추진되었다. 이에 관해 학교 현장에서는 5일 이상의 직업체험을 실시하는 것이 표준이라고 보았는데, 고미카와 고이치로児美川孝一郎가 지적하듯이 커리큘럼 전체와 반드시 연동하지는 않아 이 점이 과제로 여겨졌다.

대학에서는 여태까지 산학관 연계, 전문직 대학원의 설치 등 고도직업인 양성에 대한 지원이 제시되었을 뿐이었다. 그러나 1990년대 후반부터 15세 인구가 급격히 감소하면서 대학은 학생을 어떻게 확보할 것인가가 중요한 생존 전략이 되었고, 입시·홍보와 마찬가지로 취직 또한 중요한 문제가 되었다. 그러한 상황 속에서 커리어 교육이 자리 잡아갔고, 그것은 여태까지의 전통적인 대학에서의 인간 육성을 되묻는 것이기도 했다.

대학은 일조교이면서 학문을 습득하거나 연구에 참여하는 과정을 통해 인간 육성을 도모하는 곳이며, 대학에서 습득한 학문이나 능력으로 직업 사회에 발을 디딜 수 있다고 여겨졌다. 고교 이하의 의도적인 교육목표에 기초한 인간 육성과는 다른 방식을 취한 것이다. 그렇지만 실제로는 대학도 중고교와 마찬가지로 일-가정-교육의 순환 시스템 안에 있었기 때문에, 고도성장기의 대학 대중화(토로가 말한 대중화 단계) 시기에는 학문의 존재방식을 묻는 경우는 있었지만 직업 사회로의 이행 문제는 불거지지 않았다.

그러나 오가타 나오유키小方直幸의 연구에서처럼 1990년대 이후 기업이나 학생 측으로부터 직업준비교육을 명시해주기 바란다는 요구가 등장하면서 전통적인 대학의 직업준비교육에 의문이 제기되었으며, 학문과의 연계에 대한 설명도 함께 요구받고 있다.

종장

학교의 역할과 과제

전후 학교제도의 재고

여태까지 살펴본 것처럼, 학교는 사회가 요청하는 제반 과제에 대응하면서 스스로를 만들어왔다. 그 가운데 생겨난 문제들은 학교가 본질적으로 지닌 문제라기보다 각 시대마다 사회와의 관계에서 문제로 부상하거나 보이지 않게 된 것들이다. 또는 사회나 학교, 어느 한쪽이 변화하면 문제가 불거지기도 한다. 그러한 의미에서 일본에서의 학교의 전후사란 패전 후의 학교와 사회의 관계사라고도 할 수 있다.

패전 후 70년은 신학제의 세월과 거의 중첩된다. 이 세월은 패전 전의 학제가 실시되었던 기간에 필적한다. 오늘날 6-3제를 재검토하거나 학교 외부의 교육기관을 공교육 체계 속으로 편입시키려고 하는 움직임 등 패전 후 학제의 근간을 재검토하는 논의가 일어나고 있다.

여기에서는 "패전 후 학교제도의 재검토", "사회와의 연결에서 묻는 학교지식(학교에서 가르치는 것)", "학교에서의 돌봄"이라는 세 가지 관점에서 오늘날의 학교의 과제에 대해 살펴보고자 한다.

6-3-3제 재검토의 흐름

일본형 순환 사회의 초석이 되어온 6-3제를 기본으로 하는 패전 후 학교가 본격적인 재검토 작업에 들어가려 하고 있다.

6-3제 재검토의 발자취를 개괄하면, 신학제는 당초 단선형으로 출발했지만 1950년대에는 단기대학이, 1960년대에는 고등전문학교(고전)가 설치됨으로써 일부 복선화되었다. 그리고 국가의 "장기적

교육계획"으로서 1971년의 "46답신"("앞으로의 학교교육의 총합적인 확충정비를 위한 기본적 시책에 대하여")에서 학제의 복선화 계획이 제시되었다. 그 안에는 이미 선도적인 시도로 6년제의 중고일관교나 5년제 소학교, 4년제의 중학교·고교 등이 포함되어 있었다. 그러나 오늘날 논의의 기점은 1980년대의 교육자유화의 동향 속에서 6-3제의 재검토를 내세운 "임교심"이었고, 제도개혁이 본격적으로 움직이기 시작한 것은 1990년대부터이다.

6-3제의 제도개혁의 움직임

6-3제의 수정이 추진된 1990년대에는 사학을 중심으로 중고일관교가 이미 존재했지만, 1998년에 제도화된 공립 "중등교육학교"는 그때까지의 단선형 학교제도에 수정을 가한 것이었다. 소학교를 졸업하면 전원 중학교로 진학하여 의무교육을 받는 틀이 일부 변경된 것이다.

2007년 "교육재생회의"에서 "6-3-3-4제"의 탄력화가 제시되었다. 이듬해 2008년에는 "학교교육법"의 개정으로 중학교의 목적이 "중등보통교육"으로부터 "의무교육으로 이루어지는 보통교육"으로 변경되어 9년 일관제의 "의무교육학교"의 도입을 받아들이기 쉬워졌다. 교육재생실행회의는 2014년 7월 "앞으로의 학제 등의 방식에 대하여"라는 제5차 제언에서 "학교 단계 간의 연계" 및 "일관 교육의 추진"을 내세웠다.

2014년 10월에는 "중교심"이 학년의 구획을 자유롭게 설정할 수 있는 "소중일관 교육학교"(가칭)와 각기 다른 소학교와 중학교가 통일된 커리큘럼으로 배우는 "소중일관형 소중학교"(가칭) 제도의 도입을 정리하여 2016년부터 공립 소중일관학교가 제도화되었다.

이에 따라 9년간 의무교육의 내용을 다양한 구획에서 습득할 수 있게 되었고, 4-3-2제 등 6-3제를 고집하지 않는 다양한 변이가 가능해졌다. 이것은 단선형의 6-3제인 패전 후의 의무교육제도가 크게 전환한 것을 의미한다. 그와 함께 의무교육이라는 점에서의 소학교와 중학교의 통일성이 강화되는 한편, "복선"화가 소학교 단계에까지 미치게 되었다고 할 수 있다.

비취학의 권리

6-3제의 변경 문제뿐 아니라 그 전제인 공교육 제도로서의 학교 자체도 문제시되었다.

일본의 패전 후 학교제도는 아이들의 교육에 대한 권리를 보장하는 방향으로 전개되어, 균등한 교육의 기회를 중시하고 학교에의 취학 기회를 확보하는 방안이 다양한 형태로 추진되었다. 빈곤에 대한 대응이나 취로와의 관계 등도 제도적인 뒷받침을 통해 적극적으로 이루어짐으로써 경제적·문화적 요인으로 인한 부등교는 감소하는 추세였다. 야간중학교나 정시제고교의 존재가 바로 그것을 보여 준다.

그러나 1970년대 중반 이후, 학교 부적응으로 인한 부등교 아이들이 증가하게 되었다. 아이들과 학교제도 사이에 괴리가 생겨 충실한 학교제도와 아이들의 교육권리를 보장하는 것이 직접적으로 결부되지 않게 되었다고 할 수 있다. 취학을 당연한 것으로 여겨 등교를 재촉하던 당초의 지도는 1990년대에는 유연한 방식으로 변화했다. 이미 제4장에서 살펴보았듯이 보건실 등교, 도서실 등교나 학교 바깥에서 아이들의 거처를 확보하는 대안교육의 장으로서 프리스쿨이 사회적인 인지를 얻게 되었다. 또한 학교 내에서의 지원체제로서 스쿨 카운슬러, 스쿨 소셜워커의 배치가 이루어졌다. 앞서 말한 특구 제도를 이용하여 부등교 아이들을 위한 프리스쿨로 기능하는 사립중학교의 설치도 2007년에 인가되는 등 공교육 자체가 그 개념을 넓히고 있다. 이러한 대안교육의 장이 전개되면서 아이들의 교육의 권리를 보장하기 위해 "비취학의 권리"라는 요구가 등장했다. 일체화한 교육의 권리와 취학의 권리가 상대화되었다고 할 수 있다.

2012년에는 프리스쿨이나 발도르프 교육(일본에서는 슈타이너 교육), 외국인학교, 인터내셔널 스쿨, 홈 에듀케이션 등 기존의 학교 이외의 대안교육의 장에 대한 공적인 보장을 추구하여 "다양한 배움 보장법"(구 [가칭] 대안교육법)의 실현을 지향하는 운동이 시작되었다.

이에 대해 2014년 7월의 "교육재생실행회의" 제5차 제언에서는 프리스쿨의 위치에 대해 "취학의무나 공비 부담의 방식을 포함하여 검토한다"고 고지했다. 같은 해 9월에는 문부과학성 안에 프리스쿨 등을 담당하는 직책이 배치되었고, 2015년에 프리스쿨의 지원책을 검토하는 "유식자회의"가 개최되었다.

이 제언은 공교육 안에서 주변에 위치했던 야간중학교도 설치를 촉진한다고 했다. 야간중학교를 정식으로 시스템 안에 들여놓아 다양한 이유로 주간학교에 갈 수 없는, 또는 갈 수 없었던 사람들의 발판으로 활용하고자 하는 움직임을 확인할 수 있다.

직업 사회와 공공 사회

"지식기반 사회"로의 이행이나 글로벌 사회의 도래를 배경으로 젊은이들이 노동시장에 진입하거나 시민 사회·정치 사회에 참가하는 틀에 대해 다시 의문이 제기되었다. 이른바 경제·직업 사회를 살아가기 위한 능력의 획득과 공공 사회를 살아가기 위한 역량의 형성이라는 과제는, 전자는 고도성장을 맞이하던 시기에, 후자는 신제 학교의 출발기에 부각되어 지금까지도 시대별 과제로 여겨진다.

1990년대 이후 학교와 직업 사회의 연결이 새로운 단계에 접어들고 있는 가운데, 이러한 과제들은 학교의 역할을 파악하는 데 주요한 역할을 한다고 볼 수 있다.

학교와 일(직업)의 연결 재고

"커리어 교육"은 일본형 순환 사회가 동요함에 따라 국가의 종합적인 시책의 일환으로 제시된 것이고, 학교와 사회의 연결관계를 묻는 것이었다.

"학교 선택"의 지도에 머물지 않는 "삶의 방식"의 지도나 "학생의 선택결정"을 중시한 커리어 교육은 아이들을 배분하는 형식이었던 "진로지도"를 극복한다는 의미를 가진다.

편차치에 의한 진로지도의 문제는 그때까지 문부성으로부터도 통지나 통달을 통해 지적되었다. 실천연구에서도 "전국진로지도연구회"나 "전국도달도평가연구회" 등 민간교육연구단체를 중심으로 제언이 이루어져왔지만, 교육현장 전체를 움직이는 데까지는 이르지 않았다. 그러나 노동시장이 불안정해지면서 학교 졸업 후의 직업생활이나 사회생활을 의식한 직업 사회로의 이행을 지원하지 않을 수 없는 상황이 되자 커리어 교육이 중요성을 띠게 되었다.

내용으로는 아이들의 자기 이해, 사회나 직업에 대한 이해를 심화시키고, 직업 사회에 적응하고 부당한 노동상황에 대처하는 방법까지 포함해 직업에 관한 지식을 습득하는 것이었다. 이를 위해 "종국에는 취업하여 사회생활을 한다"는 비전을 가진 커리큘럼이나 학교지식관이 자리를 잡았다.

한편 말할 나위도 없지만 불안정한 노동이나 그로부터 생겨나는 불안정한 생활문제에 대해서는 교육뿐만이 아니라 노동시장이나 사회복지의 관점도 함께 필요하다. 공적 복지의 확충이 충분히 이루어지지 않은 채 커리어 교육만으로 대처한다면 궁지에 빠진 젊은이를 자기 책임이라고 하여 더욱 몰아가는 형국이 될 것이다. 즉 다른 사회 영역과의 관계를 고려한 학교 교육에서의 커리어 교육의 방식을 고민해야 한다.

공공성 교육

소비적 가치가 사회를 석권하면 학교는 벽을 높이 세우고 아이들을 품에 안아 보호한 다음 아이들을 사회로 내보내는데, 그것은 학교와 사회의 관계를 약하게 만든다는 것이 드러났다. 민간교육연구운동에서 사회와 학교의 관계를 의식하는 교육실천은 지금까지도 축적되어왔지만, 전체적으로 아이들은 편차치 체제라는 내부질서 안에서 학교를 다니고 있다고 할 수 있다. 그중에서 공공공간이란 곧 국가의 공간이라고 받아들였고, 학교에서 "도덕"이나 "애국심" 교육이 실시된 것도 이것과 무관하지 않다.

글로벌화와 가치의 다양화·복잡화가 진행되고 가치를 둘러싼 갈등 상황이 발생하는 가운데, 새삼 공공성이란 무엇인가를 묻고, 시민성을 지탱하는 정치적 문해력의 필요성을 주목하고 있다. 사회적인 답변이 정해져 있지 않은 "논쟁적 문제를 어떻게 가르칠 것인가?", "쟁점을 어떻게 이해할 것인가?"라는 물음을 염두에 두고 논쟁적인 문제의 교육을 시민성 교육으로 도입하려는 시도가 확산되고 있다.

그중에서도 2011년 3월 11일의 "동일본대지진"에 의한 후쿠시마 제1원자력 발전소 사고는 과학이나 전문가에 대한 불신이나 불안을 초래했고, 논쟁적인 문제를 다루는 교육의 중요성을 인식하는 계기가 되었다. 과학적 문해력이나 18세 선거권과도 관련된 정치적 문해력을 습득하는 것이 과제가 되었고, 그에 따른 교과나 커리큘럼의 검토가 요구되고 있다.

시장원리에 지배당하는 현실 사회에서 공공 사회를 살아가는 정치적 능력의 육성을 교육의 적극적인 목표로 삼는 것은 어렵다. 그러므로 시장원리와는 별도의 원리(즉 공공성) 아래에 정치적 능력을 습득할 수 있는 기회가 보장되어야 하며, 바로 그 지점에 학교의 역할이 있다고 인정된다.

학교에서의 돌봄의 관점

고교나 대학을 나와 안정된 직장에 취직한다는 경로가 불안정한 시대가 되었다. 제4장에서 살펴본 것처럼 아이들의 빈곤문제 또한 부각되고 있다. 그 대책과 교육의 보장이 중요한 과제로 부상하고 있는 것이다.

부모에서 아이로 이어지는 "빈곤의 연쇄"를 끊어내기 위해서는 교육기회의 보장을 빼놓을 수 없다. "교육의 기회균등"은 패전 후 교육이념의 근간이다. 구체적으로는 아이들 본인의 선택이나 노력으로 해결할 수 없는 조건으로 인해 진학을 단념하는 일이 없도록 사회가 배려할 책무를 지는 것이다.

이러한 이념에 입각하여 국립대학의 연간수업료는 출발기인 1950년에는 3,600엔으로 낮게 설정되었는데, 반복적으로 인상된 결과 2014년 시점에는 54만 엔에 가까워졌다. 비약적으로 커진 가정의 경제적 부담이 취학의 장벽이 되고 아이들의 상대적 빈곤율이 16퍼센트를 넘는 상황에서 경제적 사정으로 인해 진학 자체를 단념하는 아이가 많을 것으로 추측된다. 대학에 입학해서도 학자금

대출을 받고 있는 학생의 숫자가 반수를 넘었고, 그 돈을 갚는 일이 젊은이들의 어깨를 무겁게 누르고 있다. 각 학교 단계에서 아이들의 교육기회를 보장하고 어떻게 자립을 뒷받침해줄 것인가는 긴급한 과제라 할 수 있다.

한편 아이들 자신에게도 변화가 생겼다. 학교에 갈 수 없는 아이가 증가하는 현실에서도 볼 수 있듯이, 적지 않은 아이들이 학교제도와 괴리를 일으키고 있다. 지역공동체 사회와의 부계적인paternal 관계를 껴안으면서 학교공동체를 만들어 거기에 정착하도록 도모한 일본의 학교는 학습공간으로서뿐만 아니라 생활의 장으로서 다양한 내용을 끌어들여 교사와 학생, 학생끼리의 관계 만들기가 이루어져왔다. 그 집단성이나 공공성이 현대에는 아이들에게 억압으로 나타나게 되었다고 할 수 있다.

실천기록 등에서 보이는 현대의 아이들은 상처받기 쉽고 다양한 고통을 안고 있는 존재이며, 받아들여지고 인정받고 있다는 감각을 가지지 못하고, 자신의 존재를 확인할 수 있는 집단, 즉 분명한 "보금자리"를 찾기 힘들게 되었다고 한다. 아이들이 함께 생활하고 배우는 장으로서 구축되어온 학교·학급공동체가 기능하기 어렵게 되었고, 그 재편성이 과제가 되었다.

학교에서의 돌봄은 아이들의 생활 기반을 지원하거나 나날의 생활에서 느끼는 어려움을 아이들 측에 서서 대응하는 것이라고도 할 수 있다. 이러한 관점에 입각한 자세가 요구된다.

전환점을 맞이한 패전 후의 학교

권리로서의 교육기회의 평등을 보장하기 위해 만들어진 신학제 아래에서, 패전 후의 학교는 그때그때의 과제를 받아들이면서 그 포용 범위를 넓혀가며 대응해왔다. 패전 후의 학교는 사회적 요청에 대응해 민주주의적인 인간 육성의 과제부터 경제적 능력의 개발로 과제를 옮겨 가면서 일본형의 순환 사회 안에 파고들어갔다. 1990년대 이후 그 순환 기능이 부전 상태에 빠지고 글로벌화라는 새로운 상황에 맞닥뜨리자, 직업과의 연결을 도모하고 시민적 공공성을 형성하는 것이 과제로 여겨졌다. 여기서 특징적인 문제는 아이들 자신뿐 아니라 과제를 받아들이는 학교의 토대, 즉 아이들의 보금자리로서 기능하기 어렵게 된 학급·학교 그 자체를 대상으로 해야 한다는 점이다. 이와 같은 상황에서 가정이나 아이들, 사회로부터 다양한 수요가 제시되고, 그에 대응하려고 하는 것이 오늘날의 학교이다.

현재 이러한 학교를 대상으로 추진되는 학제 개혁은 가치의 중심이 패전 후의 학교를 지탱해온 "평등"으로부터 "선택"으로 이행하고 있는 가운데 급격하게 전개되고 있다. 여기에서 교육은 "개인의 이익에 대한 공헌"을 의미하고, 그 수요의 받침대로 다양한 선택지가 준비되어 있다. 그 연장선상에 학교에 가는 것의 선택도 포함되어 있다.

오늘날 교육에 대한 의식이 고양되면서 교육을 선택하는 것이 일반화되었고, 자신의 의사와는 관계없이 자기 책임으로 선택을 강요당한다. 이러한 선택으로 아이들의 교육환경을 확보할 수 있는 사람 또는 계층은 편익을 얻는 반면, 그렇지 않은 사람은 일방적으로 불리한 입장에 놓일 염려가 있다. 예를 들어, 경제적인 이유나 정보 부족 등으로 인해 선택 자체가 어려운 층이 상당수 존재하는 것을 들 수 있다. 지방에서는 선택의 범위가 한정되는 등 도시권과 지방에서 상이한 전개가 일어날 수도 있다. 심각한 저출생 문제로 인해 지방의 학교 통합이 추진되고 생활의 장으로부터 학교의 의미가 상실되는 등 여러 가지 곤란한 상황도 증가할 가능성이 있다.

이러한 것은 "평등"을 기본적인 가치로 하는 사회질서의 이념에 동요를 초래하고 있다. 말할 필요도 없이, 개인이 보다 좋은 교육을 추구하는 것은 당연한 일이고 또한 중요한 일이다. 한편 미야데라 아키오宮寺晃夫가 지적하듯이 교육을 사회의 공유재로 받아들이는 의식이 희박해진 가운데, 새삼 교육의 공공재로서의 측면에 주목할 필요가 있다. 교육을 받을 권리는 사람들이 같은 조건에서 서로 이용하는 공유재산이고, 따라서 누구나 평등하게 접근할 수 있는 체제를 유지하는 것이 중요하다.

최근 신자유주의적인 방침으로 추진되어온 교육개혁에서는 학교나 배움의 장을 다양화하면서 동시에 포섭하려는 동향이 확인된다. 다원적인 가치를 중시하는 사회 안에서 독자성이나 차이를 존중하고 인정하는 것을 바탕으로, 교육에 평등하게 접근을 할 수 있는 학교제도의 구축이 과제가 되고 있다.

학교는 일본에서 모든 사람이 공통으로 경험하는 거의 유일한 장이고, 공공 사회나 직업 사회를 살아갈 힘을 양성하는 장으로서, 그리고 폭넓은 문화와 만나는 장으로서 그 범위를 넓혀가며 역할을 크게 확대해갈 것이다.

그러한 가운데 이 책에서 언급한 "선택"과 "평등", "돌봄"과 "시민성", "노동"과 "정치" 등의 과제는 조화롭게 존재하는 것이 아니라 각각 대립하는 측면을 가지면서 상호 규정하는 관계에 있다. 학교는 이러한 난제를 응시하면서, 직면한 과제에 어떻게 대응할 것인가라는 물음을 받고 있다.

패전 후 학교는 사회로부터 요청된 학교교육의 많은 과제를 건네받았다. 한편 오늘날 학교에서는, 예를 들어 "교육위원회" 제도의 개혁에서는 선거로 선출된 수장의 의향이 직접적으로 학교에 미칠 수 있도록 하는 등 학교에서의 교사의 전문성보다도 시민의 의향에 축을 옮기는 경향이 강화되고 있다.

한편 지금까지 이야기했듯이 일본 학교의 전후사가 학교와 사회의 관계사이고, 학교가 교육적 관계의 방식을 모색하면서 사회의 요구에 대응해 교육의 실체를 만들어온 것으로 본다면, 그것을 주로 담당하는 교사나 그것에 부수되는 교사의 전문직성은 결코 경시할 수 없다.

교사, 아이들, 보호자, 지역주민, 그 외의 전문직 등 학교를 지탱하는 교육적 관계를 재편함으로써, 이 책에서 다루어온 과제뿐 아니라 "학교 참가"나 "전문직 자치" 등 새로운 문제도 포함해 사회로부터의 요청에 대응해가는 것이야말로 중요한 과제이다. 물론 여태까지의 이른바 교원문화를 그대로 계속 유지하는 것이 아니라, 시대에 걸맞은 교사의 전문직성을 응시하고 확인하면서 새로운 교육적 관계 아래에서 학교의 구축을 도모하는 것이 패전 후 70년을 맞은 학교의 과제일 것이다.

저자 후기

이 책은 일본 학교의 패전 후 역사를 추적하되, 그 전제로 근대 학교의 성립에 대해서부터 쓰기 시작했다. 생활 속에서 인간을 만들어온 인류의 오랜 발자취와는 달리, 학교에 의한 인간 육성이라는 것은 학교라는 특별한 장소에 아이들을 포위했다가 다시 생활의 장으로 돌려보낸다는 특수한 사람 만들기 방식이고, 그 방식 자체가 필연적으로 모순이나 제약을 껴안고 있다는 것을 보여주고 싶었기 때문이다.

또한 패전 전의 "일본의 학교"에도 지면을 할애했다. 패전 후의 학교가 패전 전의 학교와 단절되었다고 보는 경향이 강하기 때문에 패전부터 서술하는 것이 일반적이었다. 이념이나 제도 측면에서는 분명 그렇지만, 이 책에서 "일본의 학교"로 보여준 실제 학교의 운용이나 문화의 성격은 패전 전 학교를 바탕으로 하고 있고, 그 골격이 패전 후의 학교를 지탱하고 있다고 생각한다.

근대 학교와 "일본의 학교"를 쌓은 2층 위에 성립된 패전 후의 학교가 오늘날 큰 전환점에 있다는 것은 이 책에서 패전 후 학교를 바라보는 관점이다.

패전 후 학교의 과제는 민주주의적인 사회의 담당자 만들기부터 고도성장기를 맞아 경제 사회에 맞는 사람 만들기로 이행해갔다. 그 과정은 단순하지 않지만, 이러한 패전 후의 큰 과제를 계속해서 가져가면서도 오늘날의 과제에 대응해야 할 필요성이 생겼다. 바로 학교의 토대 자체가 흔들리고 있다는 것이다. 지식기반 사회나 글로벌 사회에 대한 요청에 대응하는 것은 외부로부터의 과제이지만, 아이들이 학교에 와서 배우는 것이나 학급을 어떠한 장소로 만들 것인가 등의 문제는 여태까지 자명했던 학교의 틀 자체를 과제로 삼는 것이다. 그것은 동시에 공교육 학교를 상대화하는 논점을 낳았고, 새삼 "학교란 무엇인가? 학교에 가는 것은 어떤 것인가?"라는 질문을 던지게 되었다.

학교를 중심으로 하는 교육개혁이 추진되고 있는 오늘날, 이 책이 패전 후 학교의 전개 안에서 넓은 관점으로 개혁의 동향을 확인할 수 있게 해주고 논점을 제시한다면 기쁘겠다.

이 책의 내용에 관해서는 많은 사람들로부터 교시나 조언을 얻었다. 또한 각 영역의 연구로부터 학교에 관한 폭넓은 내용을 배웠다. 내가 대표를 맡고 있는 "과학연구비에 의한 공동연구"("일본의 학교화 사회의 성립과정")의 구성원, 그중에서도 교토교육대학의 구마시로 다케히코神代健彦 씨와 나눈 수많은 논의는 매우 유용했다. 가나자와대학의 마쓰다 요스케松田洋介 씨는 내가 원고를 탈고한 후에 일독을 하고 코멘트도 해주셨다. 또한 그사이에 보고를 요청한 몇 군데 장소에서 이 책의 내용을 언급했는데, 그때도 유용한 의견을 들었다. 학부와 대학원에서의 수업에서도 많은 것을 얻었다. 2013년도의 릿쿄대학(원), 2014년도의 교토대학(원·집중강의)에서 관련 내용을 강의했는데, 학문 영역을 넘어 다양한 관심을 가지고 모인 수강생들과 나눈 반응이나 논의 또한 중요했다. 이 모든 분들에게 감사를 드리고 싶다.

편집을 담당한 야마가와 요시코^{山川良子} 씨는 기획 단계에서부터 몇 번이고 찾아와주셨다. 학내외의 일이 가득한 시기였지만, 야마가와 씨가 방문하는 날을 절대적인 기준으로 잡았던 덕분에 목표했던 패전 후 70년에 어떻게 해서든 맞출 수 있도록 집필을 진행할 수 있었다. 도중에 도토키 유키코^{十時由紀子} 씨로 편집 담당이 바뀌었는데, 신서판의 집필 방식에 대해 많은 시사를 받았다. 아무래도 선행연구에 구애받는 방식이 되어버린 서술에 적절한 조언을 얻었다. 조금이라도 읽기 쉬워졌다고 한다면 그 덕택이다.

2015년 2월
기무라 하지메

[그림 1-5] 도쿄의 한 소학교의 1세기   (본문 43쪽)

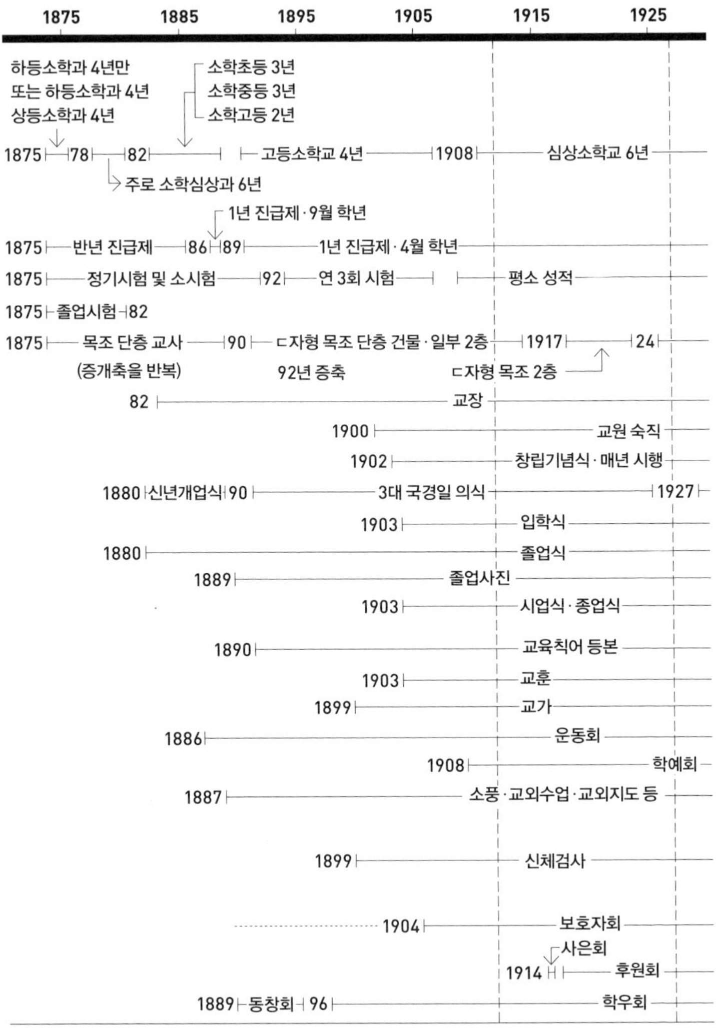

1875   1885   1895   1905   1915   1925

하등소학과 4년만   ┌ 소학초등 3년
또는 하등소학과 4년   ├ 소학중등 3년
상등소학과 4년   └ 소학고등 2년

1875├─┤78├─┤82├─────┤ ├─── 고등소학교 4년 ───┤1908├──── 심상소학교 6년 ─────┤

         → 주로 소학심상과 6년

            ┌ 1년 진급제·9월 학년
1875├──── 반년 진급제 ───┤86├┤89├───── 1년 진급제·4월 학년 ──────┤

1875├──── 정기시험 및 소시험 ────┤92├── 연 3회 시험 ──┤ ├──── 평소 성적 ────┤

1875├── 졸업시험 ─┤82

1875├──── 목조 단층 교사 ────┤90├ ┌자형 목조 단층 건물·일부 2층 ┤1917├────┤24├
      (증개축을 반복)   92년 증축   ┌자형 목조 2층 ──┘

       82 ├──────────────── 교장 ────────────────┤

               1900 ├──────────── 교원 숙직 ───────────┤

               1902 ├──────── 창립기념식·매년 시행 ────────┤

 1880 ├신년개업식┤90 ├─────── 3대 국경일 의식 ───────┤1927├

               1903 ├──────────── 입학식 ──────────┤

 1880 ├────────────────── 졸업식 ─────────────────┤

      1889 ├──────────── 졸업사진 ───────────┤

               1903 ├──────── 시업식·종업식 ────────┤

       1890 ├──────────── 교육칙어 등본 ──────────┤

               1903 ├──────────── 교훈 ───────────┤

           1899 ├──────────── 교가 ───────────┤

     1886 ├────────────── 운동회 ─────────────┤

            1908 ├──────── 학예회 ────────┤

     1887 ├─────────── 소풍·교외수업·교외지도 등 ──────────┤

       1899 ├──────────── 신체검사 ───────────┤

         ┈┈┈┈┈┈┈ 1904 ├──────── 보호자회 ────────┤

                     ┌사은회
                    1914 ├┤├── 후원회 ──┤

      1889├ 동창회 ┤96 ├──────── 학우회 ────────┤

주: 그림 속의 숫자는 시작한 해, 변화가 있었던 해, 끝났던 해를 표시한다. 점선 부분은 분명하지 않은 부분을 나타낸다.

1935	1945	1955	1965	1975	1985

국민학교
초등과 6년 ┐   초등과 6년
　　　　　├ 고등과 2년
　　　　　└ 초등과 6년
├41├┤├┤—————————————— 소학교 6년 ——————————————
　　44 46 47

————— ㄷ자형 목조 2층 건물·일부 철근 —————├62├— 철근 4층 건물 —

58년 공사 개시

————————————————├51├———————————— 경비원·경비주사 ————————

——————————————├55├————————├65├———— 창립기념식·5년에 1회 ————

——— 3대 국경일 의식 ———├1947　　　　　↑
　　　　　　　　　　　　　　　창립기념식·10년에 1회

—————————————————————— 입학식 ——————————————

—————————————————— 졸업식 ——————————————

———————————————————— 졸업사진 ————————————

————————————— 시업식·종업식 ————————————

1944 46
├ ├┤├1948
├1941 ┄┄┄┄┄

—————————————————————— 교가 ——————————————

—————————————————————— 운동회 ——————————————

—————————————————————— 학예회 ——————————————

———————————————— 소풍·교외수업·교외지도 등 ————————

초등과 급식 ┐ 1946
1944 ├┤├ ————————————— 학교급식 ——————————————

—————————————————————— 신체검사 ——————————————

　　　　　자치회
1947├——↓—├51├———————— 아동회 ——————————————

—————————————————————— 보호자회 ——————————————

교육봉사회 ↓　↓ 후원회
———├1943├45├48├———————— PTA ——————————————

—————————————————————— 학우회 ——————————————

출처: 『세이시소학교를 통해 본 근현대 교육사誠之が語る近現代教育史』

[그림 3–1] 고교 이수 교과·과목의 변천 (본문 111쪽)

고시 연도	1947년		1948년	1948/49년	1951년	
기준명	교육과정에 관한 건		교육과정의 개정		학습지도요령(시안)	
실시 연도	1948년도		1949년도		1951년도	
학과별	보통과	직업과정 (기계과)	보통과정	직업과정 (기계공작과정)	보통과정	직업과정

	1947년 보통과	1947년 직업과정(기계과)	1948/49년 보통과정	1948/49년 직업과정(기계공작과정)	1951년 보통과정	1951년 직업과정
	국어 9		국어 9		국어 9	
	사회 5		사회 10		사회 10	
	체육 9		수학 5		수학 5	
	#사회 5		이과 5		이과 5	
	#수학 5	실습 30	체육 9		보건체육 9	
	#이과 5			선택교과 30		선택교과 30 이상
	선택교과	관계교과 45	직업교과		직업교과	
				선택교과		선택교과
		선택교과				

필수단위수	38	98	38	68	38	68
(보통교과)	38	23	38	38	38	38
(전문교과)	–	75	–	30	–	30
졸업단위수	85	(102~117)	85		85	

주: 1 "학습지도요령"을 바탕으로 작성. 다만 1949년도에 실시한 교과과정 중 직업과정(기계공작과정)의
　　전문교과 필수단위수는 문부성 "신제 고등학교 교과과정 해설新制高等学校教科課程の解說"(1949)에 의거
　　했다.
　　2 필수단위수에 폭이 있는 경우에는 원칙적으로 가장 작은 수를 표시했다. 다만 감소할 가능성에 대해
　　서는 고려하지 않았다.

1956년 학습지도요령 1956년도		1960년 학습지도요령 1963년도				1970년 학습지도요령 1973년도				1978년 학습지도요령 1982년도			
보통과정	직업과정	보통과		전문학과		보통과		전문학과		보통과		전문학과	
		남	여	남	여	남	여	남	여	남	여	남	여

1956년 (보통과정 / 직업과정)
- 국어 9
- 사회 9
- 수학 6
- 이과 6
- 보건체육 9
- 예술·가정·농업 공업·상업·수산 6
- 선택교과
- 직업교과 30 이상
- 선택교과

1960년 (보통과 / 전문학과)
- 국어 12 | 국어 9
- 사회 13 | 사회 9
- 수학 9 | 수학 9 / 이과 6
- 이과 12 | 보건체육 9 / 예술 2 / 외국어 3
- 보건체육 11 / 예술 2 / 외국어 9 | 보건체육 9 / 예술 2 / 외국어 9 / 가정 4
- 선택교과 | 선택교과 | 직업교과 35
- 선택교과

1970년 (보통과 / 전문학과)
- 국어 9
- 사회 10
- 수학 6
- 이과 6
- 보건체육 13 / 예술 3 / 가정 4 | 보건체육 9 / 예술 3 / 예술 2 / 가정 4
- 전문교과 | 전문교과 35 | 전문교과 35
- 선택교과 | 선택교과

1978년 (보통과 / 전문학과)
- 국어 4
- 사회 4
- 수학 4
- 이과 4
- 보건체육 13 / 예술 3 | 보건체육 9 / 예술 3 / 예술 2 / 가정 4
- 전문교과 30 | 전문교과 30
- 선택교과 | 선택교과

1956년도		1963년도			1973년도			1982년도		
45	69	68	70	82	47	77	81	32	57	61
45	39	68	70	47	47	42	46	32	27	31
-	30	-	-	35		35	35	-	30	30
85		85			85			80		

3 1948년도에 실시한 교육과정 중 #는 필수교과로 되어 있지는 않지만 필수로 해야 한다고 여겨지던 것이다.

4 상업학과에서는 1951년도에 실시한 교육과정 이후, 외국어 10단위를 직업(전문)교과·과목에 포함할 수 있다. 다른 학과에서는 1982년도에 실시한 교육과정 이후, 전문교과·과목과 동일한 성과를 기대할 수 있는 경우에는 보통교과·과목 5단위를 전자에 포함할 수 있다.

고시 연도	1989년		1999년		2009년	
기준명	학습지도요령		학습지도요령		학습지도요령	
실시 연도	1994년도		2003년도		2013년도	
학과별	보통과	전문학과	보통과	전문학과	보통과	전문학과

1989년 (1994년도)

보통과: 국어4 / 지리역사4 / 공민4 / 수학4 / 이과4 / 보건체육11 / 예술3 / 가정4 / 선택교과

전문학과: 보건체육9 / 예술2 / 가정4 / 전문교과30 / 선택교과

1999년 (2003년도)

보통과: 국어2 / 지리역사4 / 공민2 / 수학2 / 이과4 / 보건체육9 / 예술2 / 외국어2 / 가정2 / 정보2 / 선택교과 / 종합적인 학습시간3

전문학과: 전문교과25 / 선택교과 / 종합적인 학습시간3

2009년 (2013년도)

보통과: 국어4 / 지리역사4 / 공민2 / 수학3 / 이과4 / 보건체육9 / 예술2 / 외국어3 / 가정2 / 정보2 / 선택교과 / 종합적인 학습시간3

전문학과: 전문교과25 / 선택교과 / 종합적인 학습시간3

	1989년 보통과	1989년 전문학과	1999년 보통과	1999년 전문학과	2009년 보통과	2009년 전문학과
필수단위수	38	65	31	56	35	60 35
(보통교과)	38	35	31	31	35	25
(전문교과)	–	30	–	25	–	
졸업단위수	80		74		74	

5 1994년도에 발족한 총합학과에서는 그 외에 "산업사회와 인간" 2~4단위가 원칙적으로 필수이고, 전문교과와 합쳐서 25단위 이상이 필요하다.

6 2013년도에 실시한 교육과정에서는 "종합적인 학습시간" 3~6단위가 필수로 되어 있는데, 표 안의 필수단위에는 포함되어 있지 않다.

출처: 야마다 히로시山田宏의 "공업고교의 제도적 전개와 졸업자의 직업 생활工業高校の制度的展開と卒業者の職業生活"을 일부 수정하였음.

참고 문헌

서장

久冨善之『競争の教育』, 労働旬報社, 1993.

保坂亨『学校を欠席する子どもたち』, 東京大学出版会, 2000.

田中萬年『生きること·働くこと·学ぶこと』, 技術と人間, 2002.

木村元(編)『人口と教育の動態史』, 多賀出版, 2005.

_____(編)『教育学』, 医学書院, 2015.

橋本紀子ほか(編)『青年の社会的自立と教育』, 大月書店, 2011.

加藤美帆『不登校のポリティクス』, 勁草書房, 2012.

제1장

『出隆自伝』, 出隆著作集第7巻, 勁草書房, 1963.

廣重徹『科学の社会史』, 中央公論社, 1973.

日本学校保健会(編)『学校保健百年史』, 第一法規出版, 1973.

杉浦守邦『養護教員の歴史』, 東山書房, 1974.

石川松太郎『藩校と寺子屋』, 教育社歴史新書, 1978.

仲新ほか(編)『近代日本教科書教授法資料集成』第1巻, 東京書籍, 1982.

田嶋一「民衆社会の子育ての文化とカリキュラム」『叢書·産育と教育の社会史2』, 新評論,
　　1983.

佐藤秀夫『学校ことはじめ事典』, 小学館, 1987.

誠之学友会(編)『誠之が語る近現代教育史』, 誠之学友会, 1988.

久木幸男『日本古代学校の研究』, 玉川大学出版部, 1990.

花井信「日本義務教育制度成立史論」, 牧柾名(編)『公教育制度の史的形成』, 梓出版社,

　　1990.

清水康幸ほか(編)『資料教育審議会(総説)』、野間教育研究所紀要 第34集, 1991.

安丸良夫『近代天皇像の形成』、岩波書店, 1992.

宮澤康人「学校を糾弾するまえに」、佐伯胖ほか(編)『学校の再生をめざして1』、東京大学
　　出版会, 1992.

高津勝『日本近代スポーツ史の底流』、創文企画, 1994.

土方苑子『近代日本の学校と地域社会』、東京大学出版会, 1994.

寺崎弘昭「教育と学校の歴史」、藤田英典ほか『教育学入門』、岩波書店, 1997.

ハミルトン, D.(安川哲夫訳)『学校教育の理論に向けて』、世織書房, 1998.

豊田ひさき『小学校教育の誕生』、近代文芸社, 1999.

上野淳『未来の学校建築』、岩波書店, 1999.

吉見俊哉ほか『運動会と日本近代』、青弓社, 1999. (요시미 슌야 외, 이태문 역, 『운동회:
　　근대의 신체』, 논형, 2007.)

中内敏夫『民衆宗教と教員文化』、藤原書店, 2000.

佐藤学「学校という装置」、栗原彬ほか(編)『越境する知4』、東京大学出版会, 2000.

木村元ほか「教員文化の形成」、久冨善之(編)『教員文化の日本的特性』、多賀出版,
　　2003.

近藤真庸『養護教諭成立史の研究』、大修館書店, 2003.

佐藤秀夫(小野雅章ほか編)『教育の文化史』1~4巻, 阿吽社, 2004-05.

柳治男『〈学級〉の歴史学』、講談社選書メチエ, 2005.

三上敦史『近代日本の夜間中学』、北海道大学図書刊行会, 2005.

小松佳代子『社会統治と教育』、流通経済大学出版, 2006.

天野郁夫『増補 試験の社会史』、平凡社ライブラリー, 2007.

寺崎昌男『東京大学の歴史』、講談社学術文庫, 2007.

板倉聖宣『増補 日本理科教育史』、仮説社, 2009.

木村元ほか『教育学をつかむ』、有斐閣, 2009.

大崎功雄『教育研究報告及び資料5 近代ドイツにおける「学校システム」の定型化過程と
　　教育方法の改革』、北海道教育大学旭川校学校教育講座・教育学教室, 2010.

杉村美佳『明治初期における一斉教授法受容過程の研究』、風間書房, 2010.

木村元(編)『日本の学校受容』、勁草書房, 2012.

柏木敦『日本近代就学慣行成立史研究』、学文社, 2012.

辻本雅史『「学び」の復権』, 岩波現代文庫, 2012.

有本真紀『卒業式の歴史学』, 講談社選書メチエ, 2013.

第2章

国立教育研究所(編)『日本近代教育百年史』3〜6巻, 1974.

肥田野直ほか(編)『教育課程 総論』(戦後日本の教育改革6), 東京大学出版会, 1976.

山住正巳ほか『教育理念』(戦後日本の教育改革2), 東京大学出版会, 1976.

中内敏夫ほか『教育のあしあと』, 平凡社, 1977.

大田堯(編)『戦後日本教育史』, 岩波書店, 1978.

日本臨床心理学会(編)『戦後特殊教育・その構造と論理の批判』, 社会評論社, 1980.

土持ゲーリー法一『米国教育使節団の研究』, 玉川大学出版部, 1991.

清原道寿『中学校技術教育の成立と課題』, 国土社, 1991.

片岡栄美「戦後社会変動と定時制高校」, 『関東学院大学文学部紀要』第68号, 1993.

アメリカ教育使節団(編)(藤本昌司ほか訳)『戦後教育の原像』, 鳳書房, 1995.

無着成恭『山びこ学校』, 岩波文庫, 1995.

荻原克男『戦後日本の教育行政構造』, 勁草書房, 1996.

鈴木英一ほか(編)『資料 教育基本法50年史』, 勁草書房, 1998.

小林文人「教育基本法と沖縄」, 日本教育学会『教育学研究』第65巻第4号, 1998.

三羽光彦『六・三・三制の成立』, 法律文化社, 1999.

山口満(編)『新版 特別活動と人間形成』, 学文社, 2001.

望田幸男『ナチスの国の過去と現在』, 新日本出版社, 2004.

小山静子ほか(編)『戦後公教育の成立』, 世織書房, 2005.

福井雅英『本郷地域教育計画の研究』, 学文社, 2005.

木村元「1950年代のプラクシスとしての教育の様相」, 『〈教育と社会〉研究』15号, 2005.

小国喜弘『戦後教育のなかの〈国民〉』, 吉川弘文館, 2007.

板橋文夫ほか『勤労青少年教育の終焉』, 随想舎, 2007.

倉石一郎『包摂と排除の教育学』, 生活書院, 2009.

船橋一男「戦後新教育とコア・カリキュラム」, 木村元(編)『近代日本の人間形成と学校』,
　クレス出版, 2013.

浅野慎一「戦後日本における夜間中学の卵生と確立」,『神戸大学大学院人間発達環境学研究科研究紀要』第7巻2号, 2014.

江口怜「夜間中学から見る戦後日本社会」, 木村元(編)『日本における学校化社会の形成過程』, 文部科学省科学研究費補助金研究成果報告書, 2015.

呉永鎬「戦後日本の外国人教育政策の展開」, 前掲『日本における学校化社会の形成過程』.

第3장

東井義雄『村を育てる学力』, 明治図書出版, 1957.

佐々木享『高校教育の展開』, 大月書店, 1979.

カミングス' W.K.(友田泰正訳)『ニッポンの学校』, サイマル出版会, 1981.

鳥山敏子『いのちに触れる』, 太郎次郎社, 1985.

乾彰夫『日本の教育と企業社会』, 大月書店, 1990.

佐々木享(編)『普通教育と職業教育』(日本の教育課題第8巻), 東京法令出版, 1996.

金森俊朗ほか『性の授業 死の授業』, 教育史料出版会, 1996.

加瀬和俊『集団就職の時代』, 青木書店, 1997.

苅谷剛彦ほか(編)『学校・職安と労働市場』, 東京大学出版会, 2000.

田中耕治(編)『新しい教育評価の理論と方法』1巻, 日本標準, 2002.

渡辺治(編)『高度成長と企業社会』, 吉川弘文館, 2004.

加瀬和俊「農村と地域の変貌」, 歴史学研究会・日本史研究会(編)『日本史講座』第10巻, 東京大学出版会, 2010.

苅谷剛彦『教育と平等』, 中公新書, 2006.

乾彰夫『〈学校から仕事へ〉の変容と若者たち』, 青木書店, 2010.

水原克敏『学習指導要領は国民形成の設計書』, 東北大学出版会, 2010.

橋本紀子「農村社会における〈学校から職業社会への移行〉」, 前掲『青年の社会的自立と教育』.

菅山真次『「就社」社会の誕生』, 名古屋大学出版会, 2011.

小林哲夫『高校紛争1969-1970』, 中公新書, 2012.

木村元「戦後教育と地域社会」, 安田常雄(編)『社会を消費する人びと』(戦後日本社会の

歴史 第2巻), 岩波書店, 2013.

松田洋介「〈閉じられた競争〉の成立と進路指導問題の変容」,『教育目標・評価学会紀要』第24号, 2014.

山田宏「工業高校の制度的展開と卒業者の職業生活」, 前掲『日本における学校化社会の形成過程』

第4章

藤田和也『アメリカの学校保険とスク―ルナ―ス』, 大修館書店, 1995.

高橋幸恵「学校における異文化・多文化教育の実際」, 一橋大学社会学部特定研究『地域社会の国際化』, 1996.

藤田英典『教育改革』, 岩波新書, 1997.

藤田和也『養護教諭の教育実践の地平』, 東山書房, 1999.

中西新太郎『思春期の危機を生きる子どもたち』, はるか書房, 2001.

菊地栄治ほか「オルタナティブな学び舎の社会学」,『教育社会学研究』第68集, 2001.

ジョ―ンズ, G.ほか(宮本みち子監訳)『若者はなぜ大人になれないのか』, 新評論, 2002.

大内裕和『教育基本法改正論批判』, 白澤社, 2003.

渡辺治(編)『変貌する〈企業社会〉日本』, 旬報社, 2004.

久冨善之『「新・競争の教育」と企業社会の展開』, 前掲『変貌する〈企業社会〉日本』.

本田由紀『多元化する「能力」と日本社会』, NTT出版, 2005.

広田照幸『教育不信と教育依存の時代』, 紀伊國屋書店, 2005.

荒井克弘ほか(編)『高校と大学の接続』, 玉川大学出版部, 2005.

高橋勝『情報・消費社会と子ども』, 明治図書出版, 2006.

日本特別ニ―ズ教育学会(編)『テキスト特別ニ―ズ教育』, ミネルヴァ書房, 2007.

藤田英典(編)『誰のための「教育再生」か』, 岩波新書, 2007.

児美川孝一郎『権利としてのキャリア教育』, 明石書店, 2007.

ウィッティ,G.ほか「近年の教育改革を超えて」, 久冨善之(編)『教師の専門性とアイデンティティ』, 勁草書房, 2008.

山下英三郎ほか(編)(日本スク―ルソ―シャルワ―ク協会編)『スク―ルソ―シャルワ―ク論』, 学苑社, 2008.

佐貫浩ほか(編)『新自由主義教育改革』, 大月書店, 2008.

本田由紀『教育の職業的意義』, ちくま新書, 2009.

奥地圭子『子どもをいちばん大切にする学校』, 東京シューレ出版, 2010.

松下佳代『〈新しい能力〉は教育を変えるか』, ミネルヴァ書房, 2010.

佐貫浩『危機のなかの教育』, 新日本出版社, 2012.

小玉重夫『学力幻想』, ちくま新書, 2013.

小方直幸「大学における職業準備教育の系譜と行方」, 広田照幸ほか(編)『教育する大学』
   (シリーズ大学5), 岩波書店, 2013.

本田由紀『社会を結びなおす』, 岩波ブックレット, 2014.

阿部彩『子どもの貧困II』, 岩波新書, 2014.

倉石一郎『アメリカ教育福祉社会史序説』, 春風社, 2014.

志水宏吉ほか(編)『日本の外国人学校』, 明石書店, 2014.

王美玲「フリースクールの転換と不登校特区のカリキュラム」, 『やまぐち地域社会研究』11,
   2014.

종장

奥地圭子『不登校という生き方』, NHKブックス, 2005.

クリック, B.(関口正司監訳)『シティズンシップ教育論』, 法政大学出版局, 2011.

笠潤平『原子力と理科教育』, 岩波ブックレット, 2013.

宮寺晃夫『教育の正義論』, 勁草書房, 2014.

小玉重夫「近年のシティズンシップ教育の同行」『中等教育資料』2014年12月号.

도판 출전

[그림 0-1], [그림 0-3], [그림 0-4], [그림 0-5]

文部(科学)省『学校基本調査報告書』(各年度)

[그림 0-2]

上同 및 文部省調査局統計課「公立小学校・中学校長期欠席児童生徒調査」(1952-1958年)

[표 0-1]

「茨城県教育調査速報」(1950年1月25日), 冨田竹三郎「漁村及び農村中学校の長期欠席生徒について」, 『教育社会学研究』第1号, 1951

[그림 1-1]

Seaborne, M., *The English School: its architecture and organization 1370-1870*, University of Toronto Press, Toronto and Buffalo, 1971, Plate 120. (from J. Hamel, *L'enseignement mutual*, Paris, 1818)

[그림 1-2]

ハミルトン, D.(安川哲夫訳)『学校教育の理論に向けて』, 世織書房, 1988, p.112. (S. Wilderspin, A System for the Education of the Young, London, 1840, University of Glasgow 도서관 소장)

[그림 1-3]

「寺子屋の図」, 『福井県史 通史編4』, 1996, p.659. (福井県立大野高等学校図書館 소장)

[그림 1-4]

青木輔清(編)『師範学校改正小学教授h情報』(仲新ほか編『近代日本教科書教授法資料集成』第1巻, 東京書籍, 1982, p.77)

[그림 1-5]

「110年スコ_プ」, 誠之学友会(編)『誠之が語る近現代教育史』, 1988, pp.2-3을 수정

[그림 1-6]

『日本史B 改正版』, 三省堂, 2008.

[그림 1-7], [그림 2-1]

「学校系統図」1944, 1949, 文部省『学制百年史(資料編)』, 1972, 일부 수정

[그림 2-2]

「教育課程「領域」の変遷」, 文部(科学)省『学習指導要領』(各年度)

[표 3-1]

「中学校教育課程の変遷」, 前掲『学習指導要領』(各年度)

역자 후기

이 책(원제 『学校の戦後史』)은 교육학자인 저자가 "(패)전후 70년"을 맞은 2015년까지 민주주의 사회와 고도성장을 짊어질 인재 육성 및 신자유주의와 글로벌화에 대한 대응을 추구해오던 일본의 "학교"가 아이들과의 괴리로 인해 안으로부터 흔들리고 있다는 논점에서 현실을 분석하고 다음 세대의 과제를 응시해보고자 집필했다고 한다.

일본의 전근대 에도시대에는 막부와 각 번이 영내에 설립한 번교와 향학鄕学, 일반 민중이 설립한 데라코야와 사숙私塾 등 다양한 기관에서 교육이 이루어졌으나, 메이지유신을 통해 근대국가로 탈바꿈한 후 서양의 스쿨school 제도를 도입하여 근대 학교가 성립되었다. 1872년 반포된 "학제"에 근거하여 "학구제"가 실시되었고, 1879년에 "교육령"이 반포된 후 1881년의 "소학교 교칙 강령"이 제정되면서, 1882년부터 교과 내용, 시수 등을 포함하여 전국적으로 교육체제가 통일되었고, 1883년부터는 교과서의 인가제도가 개시되었다.

그리고 일본이 제국으로 향하던 1886년에는 각 학교 종별(제국대학, 사범학교, 소학교, 중학교) 규정을 정비하여 학교제도의 기초를 확립했으며, 1890년에 "교육칙어"가 반포되어 전국의 학교에 배포되었다. 이 특별한 "칙어"는 천황의 유덕과 신민의 충성이 "국체의 정화"이자 "교육의 연원"으로 제정되었다. 그 후 학교 의식 때마다 봉독되었고, 국민도덕의 절대적 기준이자 교육활동의 최고의 원리로서 압도적인 권위를 가지게 되었다. 수신과를 비롯한 각 교과의 내용은 모두 이 "칙어"에 의해 규제되었다. 특히 "15년 전쟁" 중에는 극단적으로 신성화되었다.

이러한 군국주의적 천황제 국가의 교육은 일본이 전쟁에서 패한 후 일본을 점령한 GHQ(연합군총사령부)에 의해 남녀공학과 교육의 지방분권화를 골격으로 하는 "전후의 교육개혁"이 이루어졌다. 미국을 모델로 하는 6-3-3의 단선형 학교 교육제도가 도입되었고, 그로 인해 획일화와 편차치를 중시하는 계층화가 진행되었다. 이처럼 미국의 영향을 받으며 시작된 일본의 "전후 교육"은 커리큘럼 운영에 있어서 교사가 주도하여 지식의 획득을 중시하는 "계통주의"와 학생을 중심으로 학습에 임하는 태도나 생각하는 힘을 중시하는 "경험주의" 사이에서 혼란을 겪어왔다. 그중에서 교사 주도의 일제 교수를 중심으로 하는 계통주의의 시대가 더 길었다. 결국 문부(과학)성은 학습지도요령을 문부대신의 "고시"로 법적 구속력을 부여하고 계통주의의 커리큘럼으로 변경했다. 하지만 1980년대에 시작된 "유토리 교육"은 경험주의로의 회귀로 파악되는 만큼 양자 사이에서의 동요는 여전히 계속되고 있다고 할 수 있다. 그리고 개인주의가 공동체 중시와 대립하는 형태로 이해되고 수용되었던 점이 큰 문제를 낳게 되었다. 즉 민주주의를 키워나갈 "새로운 공공성·공공 공간"을 만들어내지 못했던 것이다. "전후 교육"에서는 패전 전이 전면 부정되고 메이지시대 이전에 존재했던 공동체적인 것마저도 부정된 결과, 아이들 속에서 공동성이 자라나지 않고 집단 따돌림(왕따) 등이 만연한 학교가 되어버렸던 것이다. 나아가 개인주의가 뒤틀린 형태로 뿌리를 내리고 말았다. "나만 괜찮으면 돼!"라고. 개인의 존중이 곧 다양성의 존중임을 망각하게 되었던 것이다.

이른바 "유신체제"하에서 교육을 받은 당사자로서, 이 땅에서 내 자식들을 교육하고 있는 학부형으로서, 그리고 교육현장에서 학생들을 마주하고 있는 교육자로서, 나에게 우리의 교육 또는 학교의 현실은 일상의 고민이자 큰 관심사로 자리 잡고 있다. 또한 일본 연구자로서 일본의 근대 교육체제는 우리의 현실을 파악하는 실마리가 될 수도 있다는 생각을 늘 해오고 있었다. 게다가 지난 아베 정권하에서 유치원생에게 "기미가요"를 부르게 하고 "교육칙어"를 암송하게 한 "모리토모森友 학원"의 교육방침이 버젓이 통과되는 사태를 보면서, 현대 일본의 우경화 문제를 교육과 연관 지어 생각해봐야 한다는 생각을 더욱 강하게 가지게 되었다.

그 무렵 내 손에 잡힌 책이 바로 이 책이었다. 이 책을 처음 접하고 가장 놀란 것은 소제목들에 나열되어 있는 단어들이 마치 한국 교육의 역사와 현실을 보여주는 것처럼 다가왔다는 점이었다. 일본의 패전 후 교육제도의 흐름을 중심으로 설명하고 있는 듯하지만, 그 제도 아래에서 유지되고 있는 일본의 학교 현장을 엿볼 수 있었다. 그리고 현 상황에 대한 철저한 반성의 고리들만 제시할 뿐 뚜렷

한 미래의 청사진을 제시하고 있지는 않다. 바로 그 점이 우리의 현실을 돌아볼 수 있는 거울이 될 수 있을 것이라 생각했고, 이 책을 옮기게 되었다. 어쩌면 우리와는 크게 관계가 없어 보일 수도 있는 일본 교육의 역사와 현실이, 우리의 교육현실을 생각하고 고민하는 데 작은 거름이 되기를 소망한다.

2023년 1월

옮긴이 임경택

옮긴이 **임경택**

1960년에 태어났다. 서강대학교 영어영문학과를 졸업하고, 서울대학교 대학원 인류학과를 거쳐 일본 도쿄대학 대학원 총합문화연구과(문화인류학 전공)에서 박사학위를 취득했다. 메이지유신과 패전이라는 두 가지 거대한 사건을 통해 변화한 일본의 역사와 문화를 연구해왔으며, 현재는 20세기 한국과 일본의 심성체제 비교연구, 일본의 출판문화와 교육 등에 관해 집중적으로 연구하고 있다. 논저로『문명의 오만과 문화의 울분』(공저),「근대 '학교' 도입 이전의 일본의 보통교육의 특색과 기반」,「근대 초기 일본의 학교와 지역사회와 국가」가 있고, 옮긴 책으로『사전, 시대를 엮다』,『독서와 일본인』등이 있다.

일본 학교의 역사

1판 1쇄 찍음 2023년 3월 10일
1판 1쇄 펴냄 2023년 3월 17일

지은이　기무라 하지메
옮긴이　임경택
펴낸이　정성원·심민규
펴낸곳　도서출판 눌민

출판등록 2013. 2. 28 제25100-2017-000028호
주소　서울시 강북구 인수봉로37길 12, A-301호 (01095)
전화　(02) 332-2486　　**팩스**　(02) 332-2487
이메일　nulminbooks@gmail.com
인스타그램·페이스북 nulminbooks

한국어판 ⓒ 도서출판 눌민 2023

Printed in Seoul, Korea

ISBN　979-11-87750-64-2 03910

• 이 책은 2019년 대한민국 교육부와 한국연구재단의 지원을 받아 수행된 연구의 결과로 번역 출간되었습니다(NRF-2019S1A5C2A02083616).